La estafa maestra

Periodismo

Biografías

Nayeli RoldánNayeli Roldán (Ciudad de México, 1982). Estudió Comunicación y Periodismo en la FES Aragón, UNAM. Desde 2014 es reportera en *Animal Político*. Obtuvo una mención honorífica en el Premio Excelencia Periodística 2017 de la Sociedad Interamericana de Prensa (SIP) por su cobertura –con Paris Martínez– de los enfrentamientos en Nochixtlán, Oaxaca. Ha trabajado en *Milenio Diario*, *Milenio Televisión* y *Efekto Tv*.

Miriam Castillo (Ciudad de México, 1984). Estudió en la Escuela de Periodismo Carlos Septién García. Ha sido reportera durante 15 años en diversos medios como *La Crónica de Hoy*, la revista *Cambio*, *Grupo Milenio Diario*, *Chilango* y *La Revista* de *El Universal*. En los últimos años se ha especializado en temas de transparencia, rendición de cuentas y ejercicio presupuestal. Actualmente forma parte del equipo de investigación periodística de Mexicanos Contra la Corrupción y la Impunidad (MCCI).

Manuel Ureste (Murcia, España, 1982). Licenciado en Periodismo por la Universidad Católica San Antonio de Murcia (UCAM) y Máster en Relaciones Internacionales por la Staffordshire University, de Reino Unido. Es Premio de Periodismo Rostros de la Discriminación por el reportaje especial «Programa Frontera Sur: Una cacería de migrantes». Escribe en *Animal Político* sobre migración, seguridad, corrupción y violaciones a derechos humanos.

Nayeli Roldán / Miriam Castillo / Manuel Ureste

La estafa maestra

*Graduados en desaparecer
el dinero público*

temas 'de hoy.

A Eva, mi madre. Sin tu amor, ejemplo y fortaleza, nada de esto sería posible. Gracias por tu apoyo incondicional y creer en mí siempre.

A Batling. Gracias por estar en el camino.

A mis amigos (ustedes saben quiénes son). Gracias por su aliento en los momentos de crisis y por aceptar mis ausencias.

Nayeli Roldán

A Estela y Gerardo por ser mi faro en mis tempestades.

A Omar, Emilio y Omar porque son mi motor incansable, mi todo y mi siempre.

A Noemí porque es mejor viaje cuando estás.

A Gina, porque sí.

Miriam Castillo

Este libro se lo dedico a mis padres, Manuel y Teresa, y a mi hermana Mónica, por el amor incondicional; por apoyar (y sufrir) esta aventura de hacer periodismo en México. Dedicatoria especial para mi esposa Lyzbeth, por tantas noches en vela y por mostrarme que es posible alcanzar las estrellas, aunque el camino sea difícil.

Y gracias a vosotros, abuelos. Por inculcarme los valores de trabajo y esfuerzo, y por el honor de llevar vuestros apellidos.

Manuel Ureste

Índice

Prólogo

Es probable que uno de los peores empleos que se pueden conseguir en el sector público sea el de Auditor Superior de la Federación, es decir, el responsable de fiscalizar el buen uso del dinero que gasta el gobierno.

Imagina: la mayor parte de tu año se va en revisar cuentas y facturas, supervisar cómo tal o cual funcionario público usó los recursos que le asignaron, tratar de entender si se gastó bien o mal el dinero, verificar si se hizo la obra que se debía hacer o si se contrataron a las empresas correctas... El Auditor, tres veces al año, tiene la obligación de presentar reportes, en los que resume sus descubrimientos. Ahí consigna desvíos de fondos, obras mal construidas, contratos con empresas «fantasma», programas ineficientes. Y señala dependencias, estados, fechas en las que ocurrió cada presunto acto de corrupción.

Pero todo este trabajo —en el que participan casi mil empleados al mando del Auditor— parece no importarle a (casi) nadie. O al menos eso dicen los números: En sus primeros 17 años de existencia, la Auditoría Superior de la Federación presentó 873 denuncias penales por mal uso de los recursos públicos (dinero desaparecido o mal empleado). Apenas 10 denuncias terminaron con un funcionario o un particular sometidos a juicio. Y ninguno de ellos fue condenado en estos 17 años.

El problema no es que las denuncias hayan estado mal formuladas o que no hubiera pruebas suficientes. Simplemente la Procuraduría General de la República dice que «sigue investigando» los casos, aun cuando hayan pasado años y años. Les llaman «averiguaciones en integración».

A cualquier lector, con toda razón, le pueden sorprender estos datos. No a un periodista. Porque quizá en eso se parece el trabajo del Auditor con el de los periodistas: documentas un caso de corrupción y es poco probable que algo ocurra. Con frecuencia, ante una denuncia plenamente documentada, un reportero se topa con el silencio de inculpados y autoridades. O, si tiene suerte, algún funcionario anuncia investigaciones «caiga quien caiga», en las que, finalmente, nadie cae. Terminan guardadas en algún archivo. Son también «averiguaciones en integración».

* * *

La investigación periodística que tienes en tus manos, y que prueba un fraude millonario operado desde el Gobierno Federal, es la suma del trabajo de estas dos profesiones que tienen tanto en común: periodistas y auditores.

Estos últimos descubrieron —en 2011— lo que inicialmente era un «tímido» operativo para desviar recursos públicos. El cómo ha ocurrido puede explicarse en unas cuantas líneas, pero aquí están todos los detalles y recovecos que muestran cómo se opera hasta hoy.

En resumen, los funcionarios aprovechan un hueco en la ley que les permite entregar dinero a universidades públicas —sin ningún tipo de concurso o supervisión— para que supuestamente realicen obras o den servicios que necesitan las dependencias. Pero estas universidades, que cobran una jugosa comisión por participar en el fraude, en realidad entregan el dinero a empresas «fantasma», que no debían recibir recursos públicos porque no tienen la capacidad o la personalidad jurídica para dar estos servicios o, simplemente, porque no existen. Por tanto, no se hacen las obras y el dinero desaparece.

Comenzó al final del sexenio de Felipe Calderón. Pero en la revisión de las cuentas públicas de 2013 y 2014, ya con el presidente Enrique Peña Nieto al frente del gobierno, la Auditoría Superior de la Federación mostró que el «tímido» operativo se había vuelto un enredado y gigantesco mecanismo, en el que participaban más de una decena de dependencias públicas y movía miles de millones de pesos.

Ése fue el primer paso.

Pero la Auditoría tiene un límite. No puede revisar las cuentas públicas a detalle y sólo muestra la punta de la madeja. Documenta un mecanismo y, en principio, debía tocarle a la Procuraduría General de la República desenredar esa madeja, lo que nunca ha hecho. Aun así, los indicios presentados en los informes de aquellas cuentas públicas mostraban suficientes elementos sobre los cuales había mucho que trabajar.

Ahí entra el periodismo.

Si la Auditoría abrió la puerta y mostró que había universidades involucradas, si comprobó que un puñado de empresas eran fantasma y si dijo que podían haberse desviado unos 2 mil millones de pesos en 11 dependencias públicas, los periodistas Nayeli Roldán, Miriam Castillo y Manuel Ureste fueron más allá e investigaron todo el mecanismo del fraude hasta que no quedara duda.

Revisaron y sistematizaron la información de 73 convenios entre dependencias públicas y universidades, presentaron más de medio millar de solicitudes de información, viajaron a 6 estados de la República, hicieron más de 100 entrevistas, investigaron a 186 empresas y cruzaron datos, no sólo de las oficinas públicas que armaron el fraude, sino también de la Secretaría de Economía, el Registro

Público de Comercio, el Sistema de Información Empresarial Mexicano, Compranet, el Registro Único de Proveedores y Contratistas, el Servicio de Administración Tributaria y el Instituto Mexicano de la Propiedad Industrial, por mencionar las más importantes.

Usando las herramientas del periodismo pudieron ponerle nombre y apellido a los funcionarios involucrados y fijar el monto final del fraude en más de 7 mil millones de pesos, sólo en esos dos años. Con su trabajo, los tres reporteros explican toda la ruta del dinero, desde su salida de cada oficina pública. Descubrieron cuánto recibieron las universidades como comisión y cuánto dinero se quedó en cada empresa. Probaron cómo operan las empresas fantasma y hasta el mecanismo que emplean para «rentar prestanombres».

Hoy no queda duda del fraude ni de quiénes son los responsables.

En cada una de las páginas de este libro podrán encontrarse estos datos y los documentos que avalan cada dicho. Es un libro de periodismo, sin rumores, filtraciones o cabos sueltos. Datos, pruebas, hechos.

* * *

¿El dinero defraudado fue a parar a los bolsillos de funcionarios públicos?

Por el momento es todavía imposible saberlo. El periodismo no puede llegar hasta allá, porque no tiene las herramientas legales para investigar cuentas empresariales ni personales. Y las autoridades responsables de hacerlo, hasta la fecha de publicación de este libro, no han hecho prácticamente nada.

La pregunta, por tanto, sigue siendo: ¿Dónde quedó el dinero? No hay pruebas aún, sólo indicios y filtraciones. La hipótesis más sólida es que una parte se guarda en los bolsillos de los funcionarios y otra, la más importante, se usa para tratar de ganar elecciones.

En México, como se ha probado una y otra vez, financiar un operativo electoral cuesta caro.

¿Cuánto? Quizá el indicio más claro lo dio una investigación de la consultora Integralia, publicado en 2016, que muestra que en 2012 —año de la elección de Enrique Peña Nieto como Presidente de la República— el flujo de efectivo en el país aumentó 37 mil 374 millones de pesos de febrero a junio.[1] Es decir, que la cantidad de billetes y monedas en circulación en poder del público creció en esa elección y que este crecimiento «es desproporcionado y sale de los patrones normales de demanda del dinero». Y cita dos datos que sirven para comparar: un año antes, el flujo había disminuido 2 mil 958 millones de pesos en el mismo periodo y un año después, en 2013, disminuyó en 5 mil 119 millones de pesos.

Sucede lo mismo en cada elección estatal o federal. En 2015, año de elecciones intermedias, el flujo de efectivo volvió a aumentar, ahora a 28 mil 956 millones de pesos. Este aumento «puede deberse a actividades relacionadas con el proceso electoral». El propio Banco de México dice que existe «un efecto temporal que la celebración de elecciones en nuestro país tiene sobre la demanda del dinero». La consultora probó que en elecciones para gobernador de diversos estados ocurrió igual.

Otra madeja que habrá que desenredar. Pero al menos estos números dan idea del tamaño del problema.

* * *

Unas líneas más arriba decía que el trabajo de los auditores y los periodistas tiene algo en común: no es fácil conseguir que paguen los corruptos.

[1] Integralia, *Aumenta uso de dinero en efectivo en periodos electorales*, Integralia, 1 de junio de 2016. En: http://integralia.com.mx/content/publicaciones/021/Aumenta%20Efectivo%20en%20Elecciones%20(Integralia,%20junio%202016).pdf.

La Estafa Maestra es un buen ejemplo. La Auditoría Superior de la Federación reveló un mecanismo para desviar recursos en el Gobierno Federal. *Animal Político* y Mexicanos contra la Corrupción y la Impunidad, a través del trabajo de tres de sus periodistas, documentaron y explicaron en qué consiste el fraude, quiénes intervinieron, cuánto dinero desaparecieron y cómo lo hicieron. El resultado está en este libro.

Los funcionarios, sin embargo, siguieron en sus cargos y el dinero —cuyo destino final no se conoce— no ha sido restituido.

En México, la sanción legal tarda. O puede no llegar, como sucede en la mayoría de los casos, porque la impunidad es «la marca de la casa». Son corruptos porque pueden y porque no pasa nada.

Pero auditores y periodistas tendremos que insistir en documentar el mal uso y el desvío de recursos públicos y en señalar a los responsables. En ambos casos con el rigor y la precisión como armas principales, con la claridad: la esencia del servicio que puede dársele a ciudadanos-lectores.

Hacerlo, de eso hay que estar convencidos, es dar al menos un paso para acabar con la impunidad.

Ahí no acaba el trabajo. A los lectores les toca la sanción política y social. También aumentar el volumen de la exigencia de que paguen los responsables.

Esos son los pasos clave para acabar con los graduados en desaparecer dinero público.

Daniel Moreno
Director de *Animal Político*

Introducción

Imagina que el representante de tu colonia te pide una donación para tus vecinos que, literalmente, no tienen qué comer. Tú aceptas y cooperas. Él junta el dinero y lo entrega a un «amigo» para que compre y prepare los alimentos, quien no puede hacerlo solo y para ello contrata a varias personas, pero antes cobra una comisión. Por tu parte, decides echar un vistazo en la casa donde se preparará la comida, pero al llegar a la dirección descubres que en realidad es un lote baldío en donde no hay personas ni alimentos. Preguntas al representante de la colonia por el dinero, pero te responde que le otorgues un voto de confianza. Te da su palabra de que la ayuda sí llegó a los más necesitados. Después de un tiempo olvidas el asunto, pero un día encuentras al representante de tu colonia repartiendo tortas entre los vecinos pobres a cambio de que voten por él para repetir en el cargo. Y, entonces, nuevamente te preguntas ¿dónde quedó el dinero?

En realidad esta historia no la tienes que imaginar porque sí ocurrió. Pero no la protagoniza el representante de tu colonia, sino el gobierno de México.

Así que estas «donaciones», más bien, son los impuestos que te descuentan de tu nómina o el IVA (Impuesto al Valor Agregado) que pagas por cada cosa que compras. De esta manera, la Secretaría de Hacienda los recaba y se convierten en recursos públicos que reparte entre las dependencias federales. Tus impuestos (en teoría) regresan a ti por medio de servicios e infraestructura públicos.

Pero esto no siempre ocurre. El Gobierno Federal encontró, hace tiempo, un *modus operandi* para desviar este dinero y darle otro uso. Lo que funciona así: las dependencias de gobierno inventan supuestos servicios, por ejemplo, hacer un concierto o dar apoyos a campesinos y escogen a ciertas universidades para que lo lleven a cabo; obviamente, éstas no pueden cumplir, pero cobran una comisión y luego contratan a otras empresas para que lo hagan. Dichas compañías tampoco proporcionan los servicios mencionados porque no son reales, sólo existen en un papel, no tienen empleados, oficinas ni capital. Son lo que llaman «empresas fantasma». Y el dinero público (tus impuestos) simplemente *desaparece*.

Desde el año 2011, el Gobierno Federal ha llevado a cabo este fraude una y otra vez, sin que nadie lo detenga y, mucho menos, que los autores intelectuales y materiales sean castigados.

De esta forma, la investigación titulada *La Estafa Maestra* se concentró en analizar 73 convenios hechos por 11 dependencias federales —tan variadas como la Sedesol (Secretaría de Desarrollo Social), Banobras (Banco Nacional de Obras y Servicios Públicos) o Pemex (Petróleos Mexicanos)— con ocho universidades públicas como la Autónoma de Morelos o la del Estado de México, todo ello sólo entre los años 2013 y 2014.

Dichos convenios eran para proveer servicios como repartir despensas, supervisar pozos petroleros o instalar la red de internet, que en conjunto suman 7 mil 670 millones de pesos.

En perspectiva, este dinero alcanza para que 26 mil jóvenes cursen una carrera universitaria de cuatro años en la Universidad Nacional Autónoma de México (UNAM) y casi es equivalente al presupuesto que el Fondo Nacional de Desastres Naturales (FONDEN) destinó para la reconstrucción de Chiapas y Oaxaca, tras los sismos de 2017 que dejaron 250 mil personas sin hogar.

Del dinero total de los convenios, 5 mil 208 millones terminaron en 150 empresas ilegales y, por tanto, no se cumplió con los servicios. Y mil millones más se canalizaron a las ocho universidades que actuaron como intermediarias.

Como consecuencia, tus impuestos no se tradujeron en servicios ni infraestructura pública.

Cabe decir que esto sólo es una muestra, pues el universo de desvío podría ser cuatro veces mayor, porque en el sexenio del presidente Enrique Peña Nieto las dependencias federales hicieron 2 mil 81 convenios de este tipo con universidades públicas que suman 31 mil millones de pesos. Es decir, sólo investigamos a profundidad 3.5% del dinero. Dicha cifra es mayor que el presupuesto asignado en 2018 para atender a 12 millones de afectados por los sismos de 2017 en Chiapas, Oaxaca, Tabasco, Estado de México, Tlaxcala, Hidalgo, Ciudad de México, Puebla, Morelos y Guerrero.

La mala noticia es que no hay un solo responsable en la cárcel por los desvíos; peor todavía, nadie ha enfrentado siquiera un juicio penal por ello.

Para empezar, los funcionarios de algunas de las dependencias involucradas en *La Estafa Maestra* integran el primer círculo del presidente Enrique Peña Nieto: su primo, Alfredo del Mazo, era el director de Banobras, quien más tarde asumió la gubernatura del Estado de México. Emilio Lozoya, exdirector de Pemex, fue el encargado de asuntos internacionales en su campaña presidencial y Rosario Robles encabezó la principal acción de su gobierno en el combate a la pobreza como secretaria de Desarrollo Social.

Por el momento, dichos funcionarios están protegidos porque los operadores de los convenios son mandos medios y bajos de las dependencias, y ningún secretario firmó documento alguno que los incrimine directamente. Sin embargo, ¿cómo podría pasar desapercibido que miles de millones de pesos desaparecieran de sus dependencias? En el proceso también hubo otros actores que encubrieron la estafa. Aunque en cada dependencia existen órganos internos de control —encargados de vigilar la actuación de los funcionarios y la asignación de recursos públicos—, ninguno denunció el desvío, como tampoco lo hizo el oficial mayor de cada secretaría, el cual se encarga de administrar el presupuesto. Solamente la Auditoría Superior de la Federación detectó las irregularidades e, incluso, interpuso 20 denuncias penales ante la Procuraduría General de la República (PGR) por la presunción de delitos cometidos que, según especialistas fiscales, se tipifican como fraude y crimen organizado.

Otra mala noticia es que hay poca probabilidad de que los responsables sean investigados y sentenciados, pues la PGR ha recibido 873 denuncias penales por presuntos desvíos de recursos públicos a lo largo de 17 años, pero sólo 10 de ellas llegaron a juicio y, en ningún caso, alguien ha pisado la cárcel.

El esquema de uso de recursos antes referido viola la Ley de Adquisiciones tanto como la Constitución, la cual ordena administrar los recursos públicos con eficacia y aplicarlos en los objetivos destinados, de modo que el deslinde de responsabilidades tendría que seguir la cadena de mando para investigar a todos los actores involucrados, incluso por omisión. Esto es una «trama delictiva» y se debería investigar como tal, así lo advierte el especialista en Derecho Fiscal Luis Pérez de Acha.

Todos estos elementos demuestran que La Estafa Maestra no es sólo un *modus operandi* de desvío de recursos, sino la prueba fehaciente del sistema de corrupción e impunidad en el país, cuya existencia se explica por la participación de diferentes niveles de gobierno. No se trata de un político malandrín ni de una manzana podrida, como ha intentado hacerse ver cada acto de corrupción. En este sistema, los funcionarios de distintos niveles violan la ley y desvían recursos porque saben que nunca serán juzgados, porque en los órganos encargados de investigar también hay cómplices. El sistema permite que se actúe con plena libertad, ya que todo está dispuesto para que sea más fácil corromper que cumplir con la ley, y la impunidad resulta el mejor aliciente para hacer de la corrupción la norma y no la excepción.

En este engranaje cada uno toma su posición. El presidente nombra a sus secretarios de Estado, la Secretaría de Hacienda distribuye el presupuesto, las dependencias desvían los recursos a empresas fantasma, que, a su vez, pasan desapercibidas ante el Servicio de Administración Tributaria (SAT). Las operaciones irregulares tampoco son detectadas por la unidad de inteligencia de Hacienda, misma que está encargada de investigar el lavado de dinero. La Auditoría Superior de la Federación (ASF) sí denuncia penalmente, pero la PGR no avanza en las investigaciones. La Secretaría de la Función Pública supuestamente inició procesos de «responsabilidad administrativa», pero no dice de qué tipo ni contra quiénes. Mientras el Poder Legislativo, que podría servir de contrapeso, tampoco hace el mínimo intento por exigir cuentas a las autoridades responsables.

Aunque en mayo de 2015 hubo reformas constitucionales en materia de prevención y combate a la corrupción, por las cuales se creó el Sistema Nacional Anticorrupción, hasta 2017 éste no operaba completamente y, por tanto, tampoco ha investigado. Con el fin de asegurar su imparcialidad, el sistema estaría integrado por cuatro «cabezas», en las cuales lo mismo participarían miembros de la sociedad civil, el Instituto Nacional de Transparencia y Acceso a la Información, los titulares de la fiscalía anticorrupción o el Tribunal Federal de Justicia Administrativa, el cual está encargado de emitir sanciones para quien cometa actos de corrupción. Pero el Senado —de mayoría priista— eligió para presidir este último a Carlos Chaurand Arzate, un militante del Partido Revolucionario Institucional (PRI) y exconsejero político del partido. Mientras el fiscal anticorrupción aún no había sido nombrado hasta diciembre de 2017.

La investigación comprueba la utilización de empresas fantasma por parte del Gobierno Federal para desviar recursos públicos, pero seguir el resto de la ruta del dinero le corresponde a la Unidad de Inteligencia Financiera de Hacienda, a la PGR, al SAT (Servicio de Administración Tributaria) y a la Comisión Nacional Bancaria y de Valores, las cuales tienen acceso directo a las cuentas bancarias de dichas empresas, por medio de las cuales pueden conocerse los nombres de los beneficiarios finales del fraude. Sólo falta que quieran hacerlo.

Sin embargo, otra investigación periodística ha dado más pistas del destino final del dinero en este tipo de esquemas. *The New York Times* y el periódico *Reforma*, en México, revelaron que la Secretaría de Hacienda, a cargo de Luis Videgaray —personaje cercano al presidente Peña Nieto— trianguló recursos públicos de los gobiernos de Chihuahua, Tamaulipas y Veracruz hacia el PRI para financiar sus campañas electorales en 2016.

La Fiscalía de Chihuahua había comprobado que el *modus operandi* del exgobernador priista César Duarte consistió en destinar 250 millones de pesos de recursos públicos para realizar supuestos cursos educativos, pero se contrató a empresas fantasma. Por lo que los servicios no se hicieron y el dinero terminó en las cuentas del PRI.

Las campañas electorales, en teoría, también deberían ser vigiladas por las instituciones para evitar financiamientos ilegales. Así, el Instituto Nacional Electoral (INE) encontró irregularidades y gastos de campaña superiores a lo permitido legalmente en 2016, pero el Tribunal Electoral del Poder Judicial de la Federación resolvió que no había tales y avaló dichos procesos electorales.

De esa manera, pues, el entramado de corrupción está completo.

La Estafa Maestra es el resultado de una investigación periodística que incluyó, entre otras cosas, analizar 186 empresas en nueve fuentes de información, visitar 107 direcciones, entrevistar a más de una centena de personas, hacer 517 solicitudes de información y rastrear el dinero de cada empresa. Todo lo cual recrea a detalle cada uno de los pasos que siguieron los actores del Gobierno Federal y sus cómplices para desviar tus impuestos.

I

LA ESTAFA MAESTRA: EL SELLO DEL GOBIERNO FEDERAL

NAYELI ROLDÁN

La casa de Francisco no tiene aire acondicionado. Con los 50 grados centígrados que alcanza el sureste mexicano sería tan indispensable como tener agua potable o un refrigerador, pero en esta ranchería de Villahermosa, Tabasco, es un lujo que no se puede dar. En esta ciudad algunas personas tienen lo indispensable para vivir, otros, la mayoría, tienen menos. Por eso todavía hay familias que viven en zonas de casas con piso de tierra, sin drenaje, sin luz. Las calles no tienen nombre ni las viviendas numeración, pero se puede dar con cualquiera de las personas que las habitan sólo preguntando por sus apellidos.

Así vive Francisco, el dueño de una empresa que —según documentos oficiales— ganó 500 millones de pesos en contratos con Pemex, la principal productora de energéticos en México. Luis, un campesino de unos 50 años, con jeans desgastados y playera raída, es su vecino. Guarda silencio, como si meditara, cuando los reporteros le preguntan por el empresario. Encoge los hombros y menea la cabeza para decir que no, que en este lugar no podría vivir ningún millonario.

Los reporteros sacan sus cuadernos y repiten con cuidado, casi deletreando palabra por palabra, el nombre y los apellidos de Francisco; Luis asiente y admite que los datos son correctos, pero no entiende cuál es el error.

Ante la insistencia sobre la supuesta fortuna de Francisco, el campesino no puede más y, sin el menor rubor, suelta una risotada que espanta hasta al perro famélico que dormitaba bajo la sombra de una vieja camioneta.

—Lo único que yo sé —dice alzando la palma de la mano derecha— es que Francisco trabaja en la escuela de otra ranchería que está por aquí cerca.

—Ah... ¿él es maestro? —pregunta cándido uno de los reporteros.

—No, no. Él trabaja haciendo la limpieza.

* * *

El conserje apoya las manos grandes y robustas en el trapeador. La expresión de su rostro moreno, con una descontrolada barba negra y espesa, se congela al ver entrar a los extraños. A quemarropa, los reporteros le sueltan a Francisco que están investigando a empresas que recibieron cientos de millones de pesos de parte del Gobierno Federal por medio de un fraude, entre ellas Maheca, en la cual él aparece como socio fundador.

Al escuchar «investigación» y «fraude», el hombre corpulento que apenas rebasa los 40 años arruga el ceño y tensa la mandíbula cuadrada, propia de un boxeador de peso wélter. Mueve un pupitre de hierro como si fuera de papel y pregunta a la reportera si puede echarle un vistazo al cuaderno donde viene escrito el nombre de la compañía. Francisco carraspea inquieto, clava sus macilentos ojos negros en el suelo y, al fin, con un gruñido arisco, admite que «sí». Que sí firmó documentos para crear esa empresa.

—¿Cómo fue que acabó en esa empresa? —comienza el bombardeo de preguntas al conserje, cuyo verdadera identidad queda protegida para evitar represalias en su contra.

—Unos contadores me solicitaron que los apoyara. Y yo les hice el favor. Eso fue todo.

—Pero usted aparece como dueño de la empresa...

—Sí, pero la empresa era de ellos. La querían para prestar unos servicios, eso fue todo lo que me explicaron.

—¿Le pagaron por ese apoyo?

Francisco cruza los brazos.

—Nada —dice súbitamente irritado—. Ya les dije que fue un favor.

—¿Y no sabía que si esa empresa cometía un fraude, usted podría verse involucrado por hacer un favor a cambio de nada?

—Claro —admite presto, como si ya esperara esa pregunta—. Cuando me asesoré con otros abogados, ellos me dijeron: «Salte de ahí porque esa compañía camina mal».

En este punto, se le pide a Francisco más información sobre los contadores: ¿Quiénes eran? ¿De dónde venían? ¿Qué le ofrecieron? ¿Lo amenazaron para que firmara? ¿Lo engañaron?

El conserje se limpia el sudor de la frente con la punta de los dedos, tiene la playera empapada. Está nervioso y quiere que los reporteros se vayan, pero no logra deshacerse de ellos. Durante varios segundos escucha las preguntas, y a cada una responde negando con la cabeza y diciendo que no sabe nada.

—Si ustedes están investigando, deben estar conscientes de lo que pasa y de lo que puede suceder.

—¿De verdad usted no ganó nada de los 500 millones? —le repreguntan.

Francisco sonríe fastidiado. Agarra con desgana el trapeador y contesta con otra pregunta.

—Si yo tuviera todos esos millones, ¿de verdad creen que estaría trapeando el suelo de esta escuela?

Francisco es un prestanombres. La compañía que ayudó a crear es una de las 186 empresas que recibieron 7 mil 670 millones de recursos públicos y que violaron la Ley de Adquisiciones. Y aún peor: 5 mil 208 millones de pesos terminaron en empresas fantasma. El dinero simplemente *desapareció*.

Sólo entre 2013 y 2014, 11 dependencias del Gobierno Federal tuvieron como cómplices a ocho universidades para simular servicios dirigidos a los más pobres del país, tales como distribuir despensas, entregar apoyos a campesinos y hasta supervisar pozos petroleros. El dinero se entregaba a las empresas, la mayoría ilegales, y los servicios no se cumplían. Lo peor es que el Gobierno Federal repitió este esquema de desvío una y otra vez durante seis años sin que nadie lo detuviera. Pero La Estafa Maestra es sólo la punta del iceberg de un fraude que podría alcanzar los 31 mil millones de pesos, monto total de los 2 mil 81 convenios del mismo tipo que hicieron las dependencias con universidades estatales entre 2012 y 2016.

Las dependencias con los mayores desvíos en La Estafa Maestra son Pemex, Sedesol y el Banco Nacional de Obras y Servicios Públicos, entonces dirigidas por Emilio Lozoya, Rosario Robles y Alfredo del Mazo, respectivamente, todos parte del primer círculo del presidente Enrique Peña Nieto. También están la Secretaría de Educación Pública (SEP), encabezada por Emilio Chuayffet; la Secretaría de Agricultura, Ganadería, Desarrollo Rural, Pesca y Alimentación (Sagarpa), a cargo de Enrique Martínez; el Fondo de la Vivienda del Instituto de Seguridad y Servicios Sociales de los Trabajadores del Estado (FOVISSSTE), con José Reyes Baeza Terrazas; el Instituto Nacional para la Educación de los Adultos (INEA), con Alfredo Llorente Martínez; el Registro Agrario Nacional (RAN), con Manuel Ignacio Acosta Gutiérrez; la Secretaría de Comunicaciones y Transportes (SCT), con Gerardo Ruiz Esparza; la Secretaría de Economía (SE), con Ildefonso Guajardo, y el Servicio Nacional de Sanidad, Inocuidad y Calidad Agroalimentaria (Senasica), con Enrique Sánchez Cruz.

Mientras las universidades que actuaron como bisagras del fraude son la Universidad Autónoma del Estado de México y su Fondo de Fomento y Desarrollo de la Investigación Científica y Tecnológica (Fondict); la Universidad Autónoma del Estado de Morelos, la Universidad Autónoma del Carmen, la Universidad Popular de la Chontalpa, la Universidad Juárez Autónoma de Tabasco, la Politécnica del Golfo de México, el Instituto Superior de Comalcalco y el Instituto Tecnológico de Tabasco.

El Gobierno Federal, el maestro

El exgobernador de Veracruz, Javier Duarte, enfrenta desde 2017 un juicio por delincuencia organizada y lavado de dinero. En su gobierno operó un burdo mecanismo de empresas fantasma para desviar 645 millones de pesos de recursos públicos, tal como lo documentó la publicación digital independiente *Animal Político* en un reportaje en mayo de 2016.[1]

Pero Duarte se queda corto, pues comparado con el Gobierno Federal resulta sólo un aprendiz. El esquema del exgobernador veracruzano es simple: utilizar a promotores del voto del PRI, gente pobre de las periferias, que —sin saber— firmaron papeles para crear 23 empresas con dirección e información fiscal falsas; luego, las compañías fueron enlistadas como proveedoras del gobierno estatal y los funcionarios cercanos al gobernador les entregaron contratos de manera directa.

El Gobierno Federal, en cambio, aplica un esquema más sofisticado con el que desvió 11 veces más dinero que el exgobernador Duarte: 7 mil 670 millones de pesos, utilizando a 11 dependencias, ocho universidades públicas y 186 empresas. Para lograrlo, primero violaron la Ley de Adquisiciones, pues en lugar de hacer licitaciones y que las empresas entraran a concurso, las dependencias hicieron 73 convenios con universidades públicas para brindar supuestos

---

[1] Ángel, Arturo, «Las empresas fantasma de Veracruz», *Animal Político*, 24 de mayo de 2016. En: http://www.animalpolitico.com/2016/05/desaparece-el-gobierno-de-veracruz-645-millones-de-pesos-entrega-el-dinero-a-empresas-fantasma/.

servicios que no pudieron cumplir, tales como: comprar y distribuir despensas en los municipios más pobres del país, mejorar servicios para derechohabientes o instalar la red de teléfono e internet en oficinas de gobierno. Posteriormente, las universidades contrataron o —en casos más burdos— sólo entregaron el dinero a empresas y éstas a otras más, formando un entramado que suma hasta 12 compañías en un solo contrato. Aunque los servicios no se hacen, las instituciones educativas cobran mil millones de pesos solamente por servir de intermediarias, lo que en sí mismo implica un sobrecosto por los servicios.

El dinero se entrega así a 186 compañías, de las cuales 150 son ilegales porque no cumplen con los requisitos para operar, sus direcciones en realidad son lotes baldíos, casas particulares, están desmanteladas o, simplemente, nunca existieron. Los supuestos dueños en realidad son amas de casa, comerciantes, mecánicos o conserjes que fueron *alquilados* como prestanombres.

En resumen, se trata de «una trama delictiva», dice Luis Pérez de Acha, quien es integrante del Comité de Participación Ciudadana (CPC) del Sistema Nacional Anticorrupción (SNA). Todos los implicados actuaron con plena intención de desaparecer los recursos públicos y eso, afirma, es un delito.

Por su parte, Juan Manuel Portal, titular de la Auditoría Superior de la Federación entre 2010 y 2017, coincide: esto es «un fraude». Se trata de «una simulación muy burda», que no sólo sirve para el desvío, sino para «desaparecer recursos públicos, lo que provoca un crecimiento de la corrupción». Portal sabe bien de lo que habla, en los informes de la Cuenta Pública, desde 2011, la Auditoría alertó sobre este esquema de desvío —en el último año de la administración de Felipe Calderón— y su repetición en los cinco años siguientes —en el sexenio de Enrique Peña Nieto—. Incluso interpuso 14 denuncias penales ante la Procuraduría General de la República en 2013; pero cuatro años después la investigación ni siquiera había pasado a juicio y, por tanto, hasta 2017 ningún presunto responsable había sido procesado.

La Estafa Maestra tomó como punto de partida los informes de la Cuenta Pública de 2013 y 2014, en los cuales estaban ubicadas las dependencias y universidades implicadas, así como el nombre de las compañías subcontratadas. Sin embargo, éstas últimas no fueron investigadas porque la Auditoría carecía de facultades legales para auditar a privados. De este modo, *La Estafa Maestra* da el siguiente paso: seguir el rastro a las empresas. Las 186 compañías fueron buscadas en nueve fuentes de información oficial y en sus domicilios registrados en seis entidades: Ciudad de México, Tabasco, Campeche, Estado de México, Nuevo León y Chiapas.

Una muestra del sistema de corrupción

La Estafa Maestra no es lo más grave de todo esto. Este fraude sistemático es el resultado de un sistema de corrupción sostenido, avalado y encubierto desde todos los órdenes de gobierno y su consecuencia más visible es la impunidad. Para ello, una muestra: ninguna dependencia de gobierno ha estado exenta de señalamientos por manejo irregular de recursos públicos en las revisiones de la Auditoría Superior de la Federación durante 17 años. Y ocurre así porque «hay muchos incentivos perversos», sentencia la académica e investigadora de The Wilson Center, Viridiana Ríos; el factor más relevante, dice, es la impunidad. Por eso, la corrupción parece la regla y no la excepción. El desvío de recursos es el *modus operandi* de una clase política que se sabe protegida desde la cúpula, porque la estructura funciona para encubrir a los corruptos, no para castigarlos.

La Secretaría de la Función Pública —encargada de vigilar a los funcionarios y auditar los recursos públicos— dijo que ya sabía del fraude, pero lo único que hizo desde 2013 fue «iniciar» procedimientos de responsabilidad administrativa contra 10 funcionarios e investigaba a 40 más, sin revelar sus nombres.

Aunque los funcionarios medios y bajos son quienes firman los documentos, los verdaderos responsables son los secretarios de Estado. Así sea por «omisión», ellos deben rendir cuentas por los desvíos, afirma Juan Manuel Portal. Sin embargo, los titulares de las dependencias son nombrados por el presidente y, en este caso, además, son allegados a Enrique Peña Nieto, incluso por lazos sanguíneos, como su primo, Alfredo del Mazo. Por su parte, Emilio Lozoya fue el operador financiero de su campaña presidencial y Rosario Robles dirigió la principal estrategia de su gobierno contra la pobreza.

Como indica Luis Pérez de Acha, experto en Derecho Constitucional, Fiscal y Administrativo, las autoridades encargadas de investigar La Estafa Maestra son la Procuraduría General de la República, la Unidad de Inteligencia Financiera (UIF) de la Secretaría de Hacienda y el Servicio de Administración Tributaria, dados los posibles delitos de peculado y lavado de dinero. Pese a ello, no lo hacen. El entonces procurador, Raúl Cervantes, exsenador por el PRI, renunció al cargo en octubre de 2017 y el puesto quedó vacante durante meses. Asimismo, el secretario de Hacienda era José Antonio Meade, quien renunció para ser candidato a la presidencia por el PRI en las elecciones de 2018. Y al frente del SAT se encontraba Osvaldo Santín, exsubsecretario de egresos en el Estado de México cuando Enrique Peña Nieto fue el gobernador de la entidad.

Por eso es que aunque la Auditoría Superior de la Federación cumplió con la fiscalización y las denuncias, la cadena se rompe en la PGR. De las 872 denuncias penales que hubo entre 2010 y 2017 por presuntos ilícitos de funcionarios públicos, sólo 10 casos llegaron a juicio, pero ningún probable responsable ha sido procesado.

Para José López Presa, excomisionado del INAI y consultor externo de la Organización para la Cooperación y Desarrollo

Económicos (OCDE), el sistema de corrupción es un pago de favores que «perpetúa el proceso de impunidad». La sospecha, dice, es que el dinero desviado termina en las campañas electorales. «La estructura viene desde los partidos políticos que se alían a los gobiernos y se convierte en un círculo vicioso». Primero, los partidos se hacen de dinero ilícito y cuando llegan al poder «se siguen corrompiendo para pagar los favores». La única manera de acabar con la corrupción es mover la estructura y sólo se logrará con «independencia y autonomía de los fiscales, los tribunales y que los más capacitados, los más honestos lleguen a los puestos clave», afirma López Presa, también integrante del Comité de Participación del Sistema Nacional Anticorrupción.

Violar la ley, la constante

¿Cómo es que el dinero público termina en empresas ilegales? Fácilmente: se viola de manera sistemática la Ley de Adquisiciones, Arrendamientos y Servicios del Sector Público.[2] En lugar de hacer licitaciones y poner a diferentes empresas a competir por la prestación del servicio —como lo establece la legislación—, las dependencias establecieron 73 convenios con universidades públicas para adquirir estos supuestos servicios. Lo que no es ilegal, de hecho es una excepción prevista en el artículo 1ro de la Ley para evitar burocracia. Así se permite a entidades públicas contratarse entre sí sin hacer licitación, siempre y cuando las entidades contratadas realicen al menos 51% del servicio, porque —en teoría— tienen la competencia y experiencia para hacerlo.

---

[2] Auditoría Superior de la Federación, *Informes de Cuenta Pública 2013 y 2014*, Cámara de Diputados. En: www.asfdatos.gob.mx.

Pero la excepción está pensada para que, por ejemplo, una universidad haga un estudio de impacto ambiental o un análisis de políticas públicas, la labor educativa nada tiene que ver con los servicios contratados en estos casos, como organizar conciertos o afiliar a beneficiarios de programas sociales. De modo que las universidades subcontratan a terceros la totalidad de esos servicios en los 73 convenios analizados y, sólo por la intermediación, cobraron una comisión de entre 10 y 15% del total del convenio. Lo que suma mil millones de pesos en comisiones. Además, 150 de las compañías elegidas son ilegales, lo que de acuerdo con condiciones previstas en la ley les habría impedido obtener contratos públicos y, peor aún, la mayoría ni siquiera hizo el servicio contratado.

Pero ¿quién seleccionó a estas empresas? Nadie quiere responderlo frente a una grabadora. Sin embargo, personal de las universidades —que accedió a hablar a condición del anonimato— dice que los funcionarios las «indicaron». Más allá de esto, las universidades se prestaron «a hacer esta simulación de trabajos», según sostiene el exauditor federal, Juan Manuel Portal. La corrupción tocó, entonces, hasta a entidades prestigiosas como las instituciones de educación superior y «no existe justificación» alguna.

Además, las universidades significaron un atractivo adicional dado su régimen fiscal de excepción, pues son consideradas como personas morales no lucrativas porque —en teoría— no hacen negocios. Y por eso no están obligadas a realizar la «declaración informativa de operaciones» con sus proveedores ante el SAT, como sí deben hacerlo las empresas lucrativas.[3]

Por lo demás, este esquema también incumple con la Constitución Mexicana, dice Portal. El artículo 134 establece que los recursos económicos de que disponga el Gobierno en todos sus niveles

---

[3] Véase del SAT, Información fiscal, Obligaciones fiscales. En: www.sat.gob.mx.

«se administrarán con eficiencia, eficacia y honradez para satisfacer los objetivos a los que estén destinados».[4]

Los pobres, campesinos y analfabetas, el pretexto

La empresa ESGER Servicios y Construcciones S. A. de C. V. es el ejemplo más claro del sofisticado desvío: sin firmar un solo contrato ni realizar servicio alguno recibió 683 millones de pesos de la Cruzada Nacional Contra el Hambre, la cual es la principal estrategia de combate a la pobreza del presidente Enrique Peña Nieto.

Así, la Sedesol entregó 2 mil 224 millones de pesos a la Universidad del Estado de México y a la Autónoma del Estado de Morelos a través de 10 convenios firmados entre 2013 y 2014 para realizar servicios como compra y entrega de despensas, la organización de un concierto y la distribución de gorras, botas y juguetes en los municipios más pobres del país.

Pero el dinero se repartió como botín. Por su parte, las universidades se quedaron con 215 millones de pesos y el resto lo entregaron a 11 empresas que también cobraron una parte del dinero y lo demás lo transfirieron a ESGER, una compañía creada en marzo de 2011 y dedicada a la «gerencia de proyecto y construcción de todo tipo de obras, incluyendo industriales, farmacéuticas, comerciales, edificios corporativos, desarrollos turísticos e inmobiliarios», según su acta constitutiva.

Durante la fiscalización de 2015, la Auditoría comprobó que los servicios no se hicieron porque visitó los almacenes y los municipios donde debían llegar los productos para verificarlo y no los halló. Las únicas pruebas de los servicios que entregaron las

---

[4] *Constitución Política de los Estados Unidos Mexicanos*, Cámara de Diputados. En: http://www.diputados.gob.mx/LeyesBiblio/pdf/1_150917.pdf.

universidades fueron oficios de conformidad firmados por funcionarios de la Sedesol.

Por otro lado, ESGER ocupa un despacho lúgubre de seis metros cuadrados ubicado en la colonia Nápoles de la Ciudad de México. En cada visita que se realizó para buscar a los representantes, los empleados que atienden en la entrada —siempre distintos— daban una y otra vez la misma respuesta: «el licenciado no está». En su declaración de impuestos de 2013, la empresa sólo reportó ingresos por 408 millones de pesos y gastos por 407 millones de pesos, pero «olvidó» declarar el dinero recibido como parte de la triangulación con otras empresas; aun así, el SAT no la tuvo en la mira los años siguientes. Sólo después de la publicación del reportaje mencionado, ESGER fue catalogada como una empresa «presunta fantasma», hasta octubre de 2017.

* * *

Empecemos por decir que el Programa de Fomento a la Agricultura (Proagro) es la actualización del Procampo (Programa de Apoyos Directos al Campo), creado en 1993 como apoyo a los productores nacionales en desventaja con competidores extranjeros ante la entrada en vigor del Tratado de Libre Comercio de América del Norte al año siguiente.

En 2014, el programa se enfocó en aumentar la productividad agrícola y se implementó la obligación a los beneficiados de acreditar el destino de los subsidios, que alcanzaban hasta mil 500 pesos por hectárea.[5] De esta suerte, la Secretaría de Agricultura destinó 13 millones 77 mil pesos de Proagro a la Universidad Autónoma

---

[5] *Diario Oficial de la Federación*, «Reglas de operación del Programa de Fomento a la Agricultura de la Sagarpa», 31 de diciembre de 2016. En: http://www.sagarpa.gob.mx/agricultura/Programas/proagro/Normatividad/Documents/2017/2016_12_31_dof_rop_fomento_a_la_agricultura_w.pdf.

del Estado de Morelos para organizar la distribución de subsidios, monto que hubiera alcanzado para sembrar 8 mil 667 hectáreas.

La universidad, por su parte, entregó el dinero a siete empresas sin que hubiera un solo contrato de por medio. Una de ellas fue Comercializadora GEAR S. A. de C. V., que reportó su domicilio fiscal en Santa María la Ribera, lugar en donde no había ninguna oficina, sino una casa particular. El inquilino tenía cinco años viviendo y, según dijo, ya estaba «harto» de que diversas personas y el SAT busquen a una empresa que «nunca ha estado ahí». El dinero también llegó a Fortalitia S. A. de C. V., CEO Marne México S. A. de C. V. y Soluciones Globales Reggan S. A. de C. V. Ninguna de las tres ha operado en sus direcciones. Y una más, Grupo Comercializador Cónclave S. A. de C. V. fue declarada como fantasma por el SAT en abril de 2017.

Vía transparencia pública, para fines de la investigación, se pidieron fotografías, documentos, bases de datos o cualquier prueba sobre la realización de los servicios. En consecuencia, la Secretaría de Agricultura, en su respuesta oficial, aceptó que no existen comprobantes del servicio. Sólo entregó el dinero.

El fraude también involucró apoyos destinados a 4 millones de analfabetas del país. En 2014, el Instituto Nacional para la Educación de los Adultos (INEA) firmó un convenio con la UAEM por 97 millones de pesos para «la ubicación de personas de 15 años o más de edad que no supieran leer y escribir un recado en español». De nuevo, la Universidad se declaró incapaz de hacer la totalidad del servicio y subcontrató a Estrategia Solutions S. A. de C. V. que ganó 9 millones 558 mil pesos. Además de no estar registrada ante la Secretaría de Economía, en la visita a su domicilio fiscal en la calle Sevilla núm. 30, colonia Juárez, en la Ciudad de México, trabajadores del edificio confirmaron que la empresa no operaba ahí, pero cada determinado tiempo una persona acudía a recoger correspondencia.

Del resto del dinero —87 millones de pesos— no se sabe nada. Al solicitar las pruebas del servicio, vía transparencia, el INEA respondió que los únicos datos disponibles están respaldados en discos compactos con un «formato inactivo» de lectura, por lo que ya no es posible tener acceso a la información.

Las (supuestas) empresas

Quien camina por la avenida Heriberto Enríquez, en la colonia Real de San Javier en Metepec, Estado de México, puede encontrar lo que necesite. Hay mueblerías, cocinas económicas, locales de ropa y puestos ambulantes con discos «piratas». También está el transporte: combis y autobuses circulan a toda velocidad, y bicitaxis que cubren las distancias cortas.

En el número 354 hay una paletería con paredes moradas que ocupa dos locales que hacen esquina. Ésta es la dirección registrada por la empresa Bierika Consultores S. A. de C. V., supuestamente dedicada a «textiles, manufactura, comercialización, desarrollo de tecnología y comercialización de patentes», de acuerdo a su acta constitutiva. La joven que atiende la paletería se sorprende cuando los reporteros le preguntan por la empresa. Aunque tiene poco tiempo en ese empleo dice que el negocio tiene más de 10 años ahí y nadie ha buscado antes a empresarios.

La compañía Bierika fue contratada por la Universidad Autónoma del Estado de México en 2014 para dar «soporte operativo y la mejora continua» del SuperISSSTE, un sistema de abasto con tiendas que es dependiente del Instituto de Seguridad y Servicios Sociales de los Trabajadores del Estado (ISSSTE), según los documentos oficiales. En el contrato por 120 millones de pesos, además de Bierika, también estuvieron las empresas Evolution Software S. A. de C. V. —cuya dirección en la Ciudad de México es de una casa particular— y Grupo Kensel S. A. de C. V. que está registrada en Chalco, Estado de México, y que tampoco fue localizada.

Por lo anterior, cuando la Auditoría investigó este convenio, la Universidad no pudo entregar prueba alguna que confirmara el cumplimiento de los servicios, ni siquiera actas de entrega-recepción, que son requisito indispensable cuando se finiquita un contrato con el gobierno.

* * *

Claro está que tener una casa propia es la meta natural de cualquier trabajador y nadie podría criticar que un organismo como el Fondo de Vivienda del ISSSTE (Instituto de Seguridad y Servicios Sociales de los Trabajadores del Estado) simplifique los procesos burocráticos para obtener un crédito. De forma que el organismo tenía un presupuesto de 223 millones 87 mil pesos para «rediseñar» los procesos de atención a derechohabientes.

Para ello contrató a la UAEM, la que a su vez subcontrató a otras empresas porque no tenía capacidad para dar el servicio. Una de éstas es Interamericana de Negocios y Comercio, S. A. de C. V., la cual en realidad se dedica a la venta de zapatos en el centro comercial Plaza Fiesta Anáhuac en Monterrey, Nuevo León. También ocupó a Icalma Servicios y Consultoría, S. A. de C. V., Consolidación de Servicios y Sistemas Administrativos, S. A. de C. V. y Evyena Servicios S. A. de C. V., las cuales fueron investigadas por el SAT —desde octubre de 2016— por hacer operaciones irregulares. Tres compañías más de este caso ni siquiera están registradas en la Secretaría de Economía para operar legalmente.

Aún con esta evidencia, el ISSSTE y su director en 2017, José Reyes Baeza, aseguran que recibieron «en tiempo y forma» los servicios contratados y, en todo caso, «no es competencia del contratante (FOVISSSTE) ser auditor del proceso de la prestación de servicios del proveedor (UAEM)».[6] Sin embargo, en la revisión de la Cuenta Pública

---

[6] Carta enviada por Comunicación Social del FOVISSSTE.

2013, la Auditoría Superior de la Federación concluyó que no hay prueba de que los servicios se hicieran; la única evidencia presentada por ambas instituciones son documentos sin firma ni nombre del personal que elaboró, verificó y aceptó los servicios. Por tanto, concluye la Auditoría, «se realizaron pagos injustificados para servicios que no se realizaron».

* * *

Otro ejemplo de la ilegalidad es el Fondict de la UAEM —un fideicomiso público que ofrece asesorías, *outsourcing* o capacitación— que pagó 4 millones 934 mil pesos a Publicidad y Mercadotecnia Infinitum S.A. de C.V. para dar «servicios administrativos para desarrollo del sistema informático» en la Secretaría de Comunicaciones y Transportes, empresa que el SAT tiene catalogada como «fantasma» desde julio de 2014 por realizar operaciones fraudulentas. El mismo Fondo contrató en 2013 a Impactel S.A. de C.V. para digitalizar expedientes de la SEP, la cual aunque no lo hizo, cobró 17 millones 578 mil pesos, y después de esto fue desmantelada. Además, cuando la compañía recibió el contrato ya era investigada por la Procuraduría General de la República por incumplir servicios con el Consejo Nacional para la Cultura y las Artes en 2012.

De este modo, los contratos irregulares obligaron a la Secretaría de Educación Pública (SEP) a presentar una denuncia de hechos ante la Procuraduría General de la República el 9 de febrero de 2015. Dos años después, la averiguación previa AP/PGR/UEIDCSPCA/SP/M-V/050/2015 sigue abierta.

* * *

Los fraudes documentados en esta investigación periodística no siempre son iguales. Los casos más simples se resumen en dos pasos: una dependencia del Gobierno Federal le da dinero a una universidad pública y ésta lo transfiere a una empresa fantasma. Pero hay casos donde el esquema involucra hasta 12 empresas en un mismo contrato y una o dos realizan el servicio y el resto cobra por no hacer nada. Por eso es que de las 186 empresas, 49 parecen legales.

Por ejemplo, el actual gobernador del Estado de México, Alfredo del Mazo, en 2013 estaba al frente de Banobras, año en que entregó 491 millones de pesos a través del Fondo de Fomento y Desarrollo de la Investigación Científica y Tecnológica en tres convenios. Tan sólo para el convenio DAGA/045/2013 por el servicio de «control, operación y soporte» de la red interna de Banobras, el Fondo pagó 239 millones de pesos a dos empresas. Una de ellas fue Estructura Empresarial JPC, la cual no está registrada ante la Secretaría de Economía y, además, subcontrató a Grupo Empresarial MXEM S. A. de C. V., la cual no tiene una dirección. La otra empresa, Intellego Servicios de Consultoría S. A. de C. V., se quedó con una comisión y a su vez contrató a cinco más. Cuatro tienen una constante: irregularidades; no tienen dirección fiscal o registro ante la Secretaría de Economía.

La única localizada, y que opera de forma aparentemente legal, fue QUITZE, S. A. de C. V., la cual recibió 452 mil 500 pesos para realizar los servicios, es decir, 0.1% del monto original de los convenios de Banobras. Prácticamente nada.

Intellego Servicios de Consultoría está ubicada en un complejo empresarial en Paseo de la Reforma. Mauricio Barragán —consultor externo de relaciones públicas de la firma— corrobora las subcontrataciones, pero sobre la ilegalidad de las compañías desmarca a la empresa. «Intellego no tiene la competencia de verificar el registro de sus proveedores. Y la emisión de facturas les da plena confirmación de la existencia legal».

Para probar que se realizaron los servicios, Banobras entregó, vía solicitudes de transparencia, 82 hojas con informes mensuales en los que personal describe el funcionamiento de las redes de comunicación interna, pero en ningún momento se menciona nada del sobreprecio ni del destino final del dinero. Por su parte, Alfredo del Mazo se negó a responder sobre las irregularidades que esta investigación confirma y que ocurrieron durante su mandato al frente de Banobras; mientras que la administración que lo sucedió informó que en 2017 no se hicieron contratos con alguna institución de educación superior.

La Estafa Maestra sumó 7 mil 760 millones de pesos distribuidos como sigue: Pemex con 3 mil 576 millones de pesos; Sedesol, 2 mil 224 millones de pesos; Banobras, 491 millones de pesos; Registro Agrario Nacional, 447 millones de pesos; SEP, 278 millones de pesos; FOVISSSTE y SuperISSSTE, 249 millones de pesos; Servicio Nacional de Sanidad, Inocuidad y Calidad Agroalimentaria, 138 millones de pesos; INEA, 97 millones de pesos; Secretaría de Economía, 96 millones de pesos; Secretaría de Comunicaciones y Transportes, 52 millones de pesos; y Secretaría de Agricultura, 19 millones de pesos.

Desfile de irregularidades

Después de ir a la búsqueda de las 186 empresas tanto en registros oficiales como en sus sedes, comprobamos que 150 son ilegales y no podrían recibir recursos públicos. Aun así, consiguieron 5 mil 208 millones de pesos a través de contratos ilegales.

Hasta noviembre de 2018, el SAT ya había declarado a 14 de estas compañías como «fantasma» por hacer operaciones ilegales. Es decir, no tenían capital, infraestructura ni empleados que sustentaran su existencia. Para decirlo claramente, cometieron un delito financiero. Otras 47 eran investigadas por la misma razón y estaban catalogadas como «presuntas fantasma». Cabe anotar que después de la publicación del reportaje, el SAT identificó a otras más. Hasta noviembre de 2017, suman 11 empresas fantasma y 34 presuntas fantasma.

Otras 37 compañías no tienen antecedentes registrales, es decir, ni siquiera inscribieron su nombre ante la Secretaría de Economía, requisito indispensable para operar y evitar que los nombres de compañías se repitan. Ocho empresas fueron desmanteladas apenas recibieron los contratos; otras ocho no están en las direcciones que declararon; cinco se dedican a temas que no tienen relación con los servicios para los que recibieron contrato; ocho no fueron localizadas por la Auditoría Superior de la Federación cuando las buscó para revisar su legalidad. Y el colmo: 23 ni siquiera reportaron dirección.

Algunos exfuncionarios del sexenio de Felipe Calderón consultados aseguran que los controles presupuestales de Hacienda son tan estrictos que hace imposible que cualquier anomalía pase desapercibida. «O el gobierno de Peña Nieto se dedicó a desmantelar las estructuras de control y rendición de cuentas, o la estafa está protegida desde muy alto rango», dijo uno exfuncionario de alto nivel que pidió no ser citado.

Corrupción e impunidad, el sello del gobierno peñista

La desviación de recursos ha sido la norma y no la excepción en un sistema en el que es más fácil defraudar que cumplir con la ley. ¿El incentivo? La impunidad.

Por un lado, aunque el primer filtro para evitar el desvío de dinero son los Órganos Internos de Control de las dependencias y organismos del Gobierno Federal que deben prevenir, detectar, sancionar y erradicar las prácticas corruptas, las asignaciones de sus titulares están a cargo del Secretario de la Función Pública, y éste es nombrado por el Presidente. Por otro, la Auditoría Superior de la Federación sí encontró irregularidades y las denunció, pero siguieron ocurriendo año con año. Sólo entre 2010 y 2017, la Auditoría detectó que 214 mil 759 millones de pesos fueron desviados por funcionarios públicos. De ello, 168 millones (74%) lo fueron en los primeros tres años del gobierno de Enrique Peña Nieto.

De las 872 denuncias penales, 97% están concentradas en los últimos siete años, pero la cadena de investigación se fractura en la PGR. Hasta 2017, sólo 10 casos llegaron a juicio pero ninguno había concluido y el dinero tampoco había sido recuperado.

Uno de los casos que marcó la presidencia de Enrique Peña Nieto ocurrió a dos años de comenzar su sexenio. El equipo de periodistas de investigación encabezado por Daniel Lizárraga reveló que Peña Nieto poseía una casa valuada en 7 millones de dólares y que fue construida por Grupo Higa, propiedad de Juan Armando Hinojosa Cantú, contratista activo desde que Peña Nieto fue gobernador del Estado de México.[7] La salida a esta crisis gubernamental fue el inicio de una investigación por parte del entonces secretario de la Función Pública, Virgilio Andrade, en febrero de 2015. Esto significó que el subalterno fiscalizaba a su jefe. Seis meses después, la investigación concluyó que no había elementos para determinar un conflicto de interés.

En medio de ese proceso, el Poder Legislativo aprobó las reformas anticorrupción para crear el Sistema Nacional Anticorrupción, una maquinaria independiente para prevenir, investigar y sancionar la corrupción en todos los órdenes de gobierno.

Así, se avanzó en la integración del Comité de Participación Ciudadana, formado por expertos de la sociedad civil, pero hasta 2017 seguía pendiente el nombramiento del fiscal general. Otro integrante del Sistema es el titular del Tribunal Federal de Justicia

---

[7] Lizárraga, Daniel; Cabrera, Rafael; Huerta Irving; Barragán, Sebastián, *Aristegui Noticias*, 9 de noviembre de 2014. En: https://aristeguinoticias.com/0911/mexico/la-casa-blanca-de-enrique-pena-nieto/.

Administrativa, cargo ocupado por el priista Carlos Chaurand Arzate, lo cual no garantiza su imparcialidad, aseguró Marco Fernández, investigador de México Evalúa.[8]

Lo anterior ha impedido la operación del Sistema Nacional Anticorrupción, porque mientras los fiscales, contralores y jueces no tengan independencia y autonomía, seguirán siendo «los mejores aliados en los casos de corrupción», afirma José López.

—¿Existen los instrumentos legales para hacer una efectiva investigación en casos de corrupción que involucren a los gobiernos en cualquiera de sus niveles? —se le pregunta a Luis Pérez de Acha.

—Por supuesto que sí. No tengo duda de eso. Lo que falta es voluntad política, voluntad constitucional, porque aun mejorando las leyes, si no existe la voluntad de investigar, nunca se va a solucionar.

---

[8] Hernández, Leopoldo, *El Economista*, 4 de enero de 2017. En: https://www.eleconomista.com.mx/politica/Critican-eleccion-de-otro-priista-para-SNA-20170104-0059.html.

ESQUEMA DESVÍO 1 — Una empresa cumple, las demás no existen

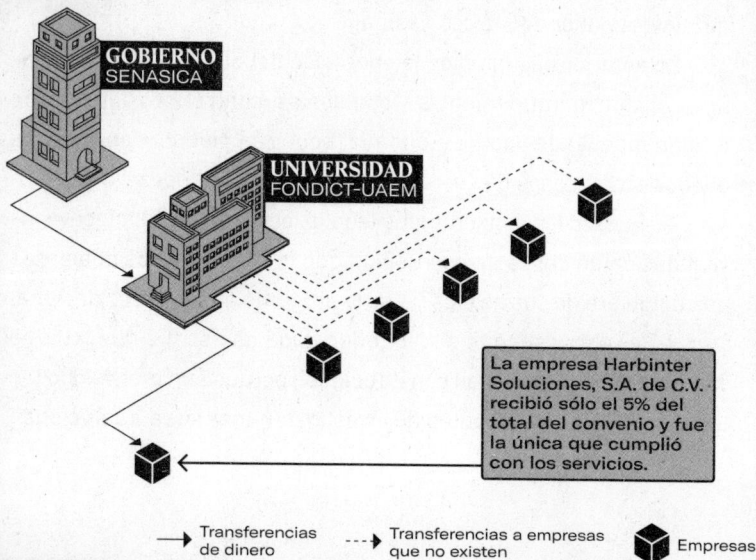

GOBIERNO
SENASICA

UNIVERSIDAD
FONDICT-UAEM

La empresa Harbinter Soluciones, S.A. de C.V. recibió sólo el 5% del total del convenio y fue la única que cumplió con los servicios.

→ Transferencias de dinero

--→ Transferencias a empresas que no existen

■ Empresas

ESQUEMA DESVÍO 2 — Trabajadores independientes contratan a empresas ilegales

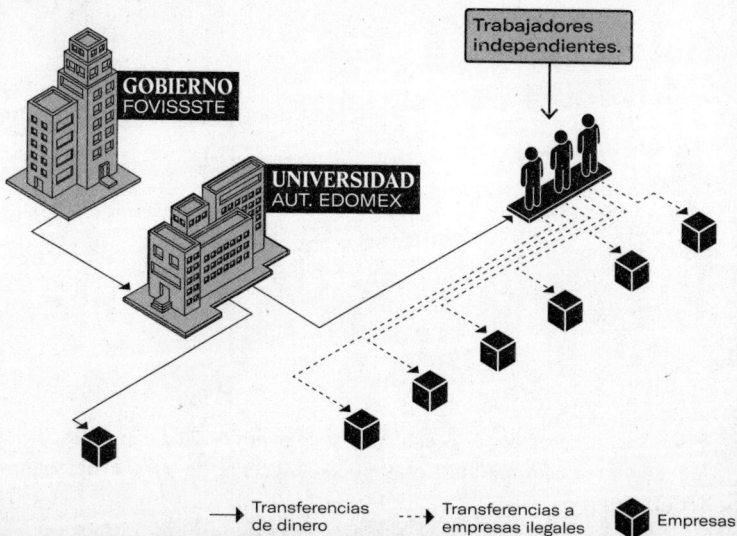

GOBIERNO
FOVISSSTE

UNIVERSIDAD
AUT. EDOMEX

Trabajadores independientes.

→ Transferencias de dinero

--→ Transferencias a empresas ilegales

■ Empresas

Diseño de información: Yosune Chamizo Alberro / Animal Político

ESQUEMA DESVÍO 3

Transferencias de dinero sin contrato

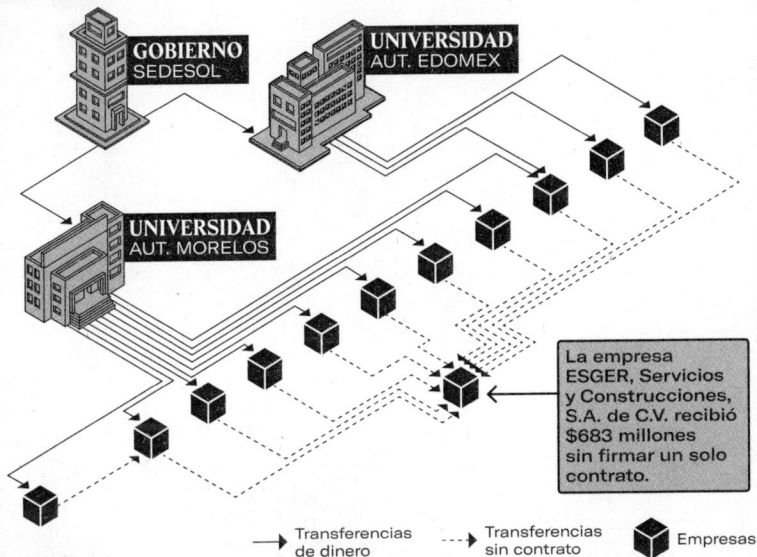

GOBIERNO SEDESOL

UNIVERSIDAD AUT. EDOMEX

UNIVERSIDAD AUT. MORELOS

La empresa ESGER, Servicios y Construcciones, S.A. de C.V. recibió $683 millones sin firmar un solo contrato.

→ Transferencias de dinero   ---> Transferencias sin contrato   ■ Empresas

ESQUEMA DESVÍO 4

Subcontratar para desaparecer millones

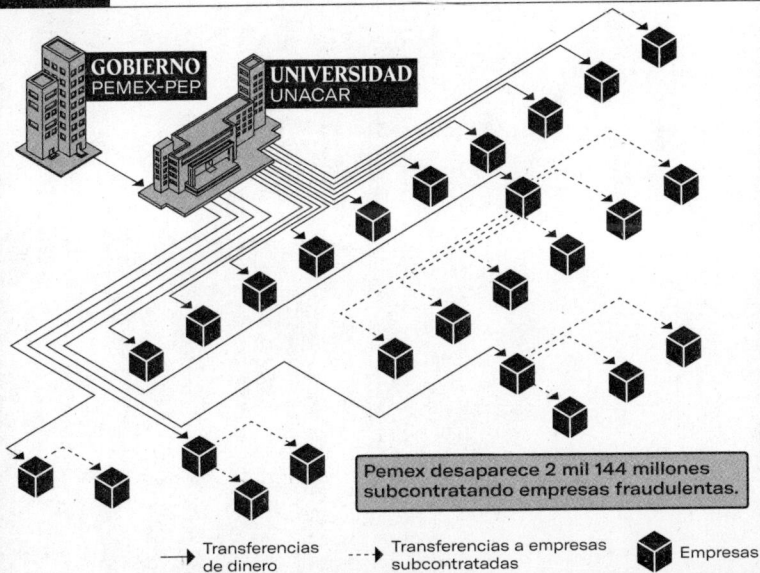

GOBIERNO PEMEX-PEP

UNIVERSIDAD UNACAR

Pemex desaparece 2 mil 144 millones subcontratando empresas fraudulentas.

→ Transferencias de dinero   ---> Transferencias a empresas subcontratadas   ■ Empresas

II

LOS IMPLICADOS, EL CÍRCULO
CERCANO DE ENRIQUE PEÑA NIETO

NAYELI ROLDÁN

Las 11 dependencias y organismos del Gobierno Federal que protagonizan el desvío de dinero tienen como titulares a personas allegadas al presidente Enrique Peña Nieto. Van desde su primo, Alfredo del Mazo, hasta el colaborador en su campaña presidencial, Emilio Lozoya, pasando por la exdirigente de la izquierda convertida en aliada, Rosario Robles. Pero también está el exsecretario de Educación, Emilio Chuayffet, un priista reconocido a quien Peña Nieto le manejó las finanzas en su campaña por la gubernatura del Estado de México en el año 1993. O el priista Enrique Martínez y Martínez —exgobernador de Coahuila—, quien era titular de la Sagarpa cuando ocurrieron los desvíos, y embajador en Cuba desde 2016. Igualmente, Gerardo Ruiz Esparza, el secretario de Comunicaciones y Transportes que ha sobrevivido el sexenio pese a escándalos, tales como supuestos actos para favorecer a la empresa española OHL con contratos millonarios de infraestructura carretera a cambio de beneficios económicos, o el socavón en el Paso Exprés de Cuernavaca, ocurrido a cuatro meses de haber sido inaugurada la obra y en el que murieron dos personas. Mientras que el exgobernador de Chihuahua José Reyes Baeza Terrazas, quien era titular del Fondo de Vivienda para trabajadores del ISSSTE cuando ocurrieron algunos desvíos en 2014, fue ascendido a la dirección del Instituto de Seguridad y Servicios Sociales de los Trabajadores del Estado.

Aunque ninguno de los 73 convenios fueron firmados por los titulares de las dependencias —sino por mandos medios y bajos, encargados de las áreas correspondientes a los supuestos servicios—, eso no debería exentarlos de responsabilidad alguna en la cadena de mando. De modo que Rosario Robles dijo que nunca firmó ninguno de los convenios ni contratos con las empresas y, por tanto, no es responsable de alguna irregularidad. Sin embargo, bajo esa misma lógica, Javier Duarte o el presunto narcotraficante Joaquín «El Chapo» Guzmán nunca hubieran sido procesados penalmente.

A este respecto, el exoficial mayor, Juan Manuel Portal, afirma que falta establecer el delito por «omisión» para este tipo de casos porque «ellos (los titulares) no firman, pero son los responsables de los recursos». Incluso, bastaría con una reforma a la Ley de Adquisiciones para obligar a que los titulares de las dependencias y organismos firmen este tipo de convenios, lo que evitaría el resquicio legal en el que ahora se escudan. «En estos contratos con las universidades, el secretario instruye al oficial mayor, éste le dice a un director general, y éste a un director, por eso es que el verdadero responsable no termina en la cárcel», advierte Portal.

Pese a todas las evidencias en este esquema de fraude, ¿por qué ningún implicado ha sido siquiera investigado? Las respuestas tal vez se asoman en las historias políticas de algunos de ellos y en su relación con el presidente Enrique Peña Nieto.

Rosario, el ave fénix del PRI

A los 24 años, Rosario Robles recién terminaba sus estudios de Economía en la Facultad de Ciencias Políticas de la UNAM, era admiradora del movimiento agrario de los años setenta y lo ponía como ejemplo de la lucha social, el cual defendiendo el territorio había enfrentado la «ofensiva» del Estado. Era el año 1980 y parte de estas ideas fueron incluidas en su tesis *El movimiento Campesino en México. Una década de Lucha (1970-1979)*. Incluso, decía que la izquierda debía aprender de la organización de los «campesinos pobres» que se habían convertido en actores centrales para la «revolución socialista».[1]

Entonces no imaginaba que tres décadas después el tema regresaría a su vida, pero con ella en la trinchera opuesta, como miembro del Estado y encargada de operar la política social; menos aún, que su administración sería señalada por el desvío de recursos públicos dirigidos a los más pobres del país.

* * *

El 19 de abril de 2013 era un día importante para la Secretaria de Desarrollo Social, Rosario Robles, pues arrancaban las acciones de la Cruzada Nacional contra el Hambre, la primer gran acción del priista recién llegado a la presidencia, Enrique Peña Nieto, y que, además, sería apadrinada por el expresidente de Brasil, Luiz Inácio Lula da Silva, quien entonces era ejemplo de la gobernanza y ascenso al poder desde la izquierda.

Ese día, Robles no vistió ninguno de sus vestidos Burberry ni Chanel, quizá porque pensaba que desentonaría en Zinacantán, un municipio de los Altos de Chiapas donde siete de cada 10 habitantes es pobre en extremo, quizá porque era mejor igualarse a las mujeres tzotziles y portar la vestimenta tradicional: un *moxibal* morado con flores bordadas —una especie de rebozo— y una falda larga de lana.

En el acto no sólo dio inicio a la estrategia contra la pobreza, sino también el pacto de protección presidencial que la acompañaría

---

[1] Robles, Rosario, *El movimiento Campesino en México. Una década de Lucha (1970-1979)*, Tesis para obtener el título de Licenciado en Economía, UNAM, 1980.

el resto del sexenio. «No te preocupes, Rosario, hay que aguantar», soltó Peña a los pocos minutos del discurso inaugural.

El mensaje era claramente para los partidos políticos opositores que dos días antes habían pedido juicio político en contra de la secretaria por el presunto uso electoral de los programas sociales en Veracruz, donde ese año se elegiría al Congreso estatal y a las presidencias municipales. Peña Nieto dejaba claro que ella no sólo tenía un lugar privilegiado en su primer círculo, sino que era una pieza clave en su operación política. Rosario le respondió con una ovación, más que ningún otro en el presídium aplaudió sonriente. «Bravo», le gritó. Era el gesto público de su complicidad.

El nacimiento a la izquierda

Su intenso activismo al interior del Sindicato de Trabajadores de la Universidad Nacional Autónoma de México (STUNAM) llevó a Rosario Robles a ser secretaria de Asuntos femeniles a los 32 años.[2] No titubeaba en las asambleas más encendidas ni en las discusiones entre las corrientes de la Liga Obrera Marxista, de orientación trotskista, y la Organización de Izquierda Revolucionaria Línea de Masas, de corte maoísta, a la que ella pertenecía.

El STUNAM seguía la tendencia, iniciada en los setenta, de alejar al sindicalismo del control gubernamental. Era un espacio de oportunidad para los jóvenes de izquierda, «muy ideologizada y politizada» que buscaba la «democratización» de las organizaciones de trabajadores.[3] Rosario, una joven delgada, de gafas y con menos de 1.60m de estatura, era una de ellos. «Su propia inteligencia

---

[2] Basurto, Jorge, *La vida política del Sindicato de Trabajadores de la UNAM*, UNAM, México, 2006.

[3] *Ídem.*

la hacía destacar», dice Rodolfo Echevarría, exlíder del movimiento estudiantil de 1968. En el STUNAM había mujeres aguerridas como Lucinda Nava, por ejemplo, pero en los debates Robles sobresalía. No sólo era «combativa y militante, era una líder política», sentencia el también exintegrante del Partido Comunista Mexicano.

En 1987, el activismo de Rosario salió por primera vez de la Universidad, en medio de una severa crisis económica nacional, el aumento de las movilizaciones sociales y la fractura política al interior del PRI que provocó la salida de un sector que criticaba el «dedazo» como método de selección del candidato presidencial. Robles se unió, así, al Frente Democrático Nacional (FDN) encabezado por Cuauhtémoc Cárdenas Solórzano, uno de los desertores del PRI, y que aglutinaba a diversas fuerzas de izquierda como el Partido Mexicano Socialista (PMS), el Partido Mexicano de los Trabajadores (PMT) o la Asociación Cívica Nacional Revolucionaria (ACNR).

En esos días, Rosario Robles conoció a Cuauhtémoc Cárdenas en una cena a la que en realidad estaba invitado su esposo, Julio Moguel, entonces profesor de la Escuela Nacional de Estudios Profesionales (ENEP) Acatlán. Desde el primer encuentro «quedé cautivada con la opción de luchar por la presidencia, con un proyecto viable para México y, por supuesto, en el marco del cardenismo», narra la exactivista en su libro *Con todo el corazón*, las memorias de su paso por la izquierda.

En aquella elección Cuauhtémoc Cárdenas logró ser candidato presidencial por el Partido Mexicano Socialista y aunque en las primeras horas del conteo de votos llevaba la delantera, tras la polémica «caída del sistema», Carlos Salinas de Gortari, el abanderado del PRI, fue quien resultó ganador.

Ante el fantasma de fraude, las protestas tomaron cause en la idea de conformar un nuevo partido con todas las organizaciones de izquierda que habían apoyado la candidatura opositora, y así nació el Partido de la Revolución Democrática (PRD), en el que Rosario

Robles encontró un nuevo camino, siempre con el apoyo de Cárdenas Solórzano.

En 1994, su primera encomienda en el nuevo partido fue como diputada federal. Tuvo como compañero de bancada a Ramón Sosamontes, exmiembro del Partido Comunista Mexicano y también fundador perredista, quien se convertiría en pieza clave de su operación política durante los siguientes 23 años. En cada cargo (y escándalo) de Rosario, Ramón ha estado a su lado.

Antes de cumplir una década como partido, en 1999, el PRD ganó la elección para la Jefatura de Gobierno del Distrito Federal, con Cuauhtémoc Cárdenas, quien nombró a Robles como secretaria de gobierno. Un año después, él dejaría el cargo para contender por la Presidencia de la República en las elecciones del año 2000 y Rosario lo sustituyó. Ella fue la primera mujer en gobernar el entonces Distrito Federal. «Fue buena jefa de Gobierno. Proyectó al partido y mostró la audacia que Cuauhtémoc [Cárdenas] no hizo. Sin Rosario, Andrés Manuel [López Obrador] no hubiese sido jefe de Gobierno [en 2000]», reconoce Fernando Belaunzarán, entonces integrante del Comité Ejecutivo del PRD-DF.

Entre las audacias de Robles estuvo la publicidad en medios de comunicación, que algunos militantes acusaron como una promoción excesiva de su imagen. El tema continuó después de que dejara el cargo en agosto de 2000, la Comisión de Vigilancia de la Asamblea Legislativa del Distrito Federal investigó un presunto faltante de 6 mil millones de pesos durante su administración por contratos en publicidad con la empresa Publicorp. Rosario aseguró que se trataba de un ataque del periódico *Reforma* que publicó el caso y que había sido orquestado por sus adversarios al interior del partido, con René Bejarano entre ellos, y avalado, incluso, por Andrés Manuel López Obrador.[4]

---

[4] Botero Zea, Fernando, *Conversaciones en la cantina*, «Entrevista a Rosario Robles», Ediciones Felou S. A. de C. V., México, 2013.

El gasto publicitario fue justificado por ella como una decisión de partido: «cuando emprendí la estrategia de comunicación, lo hice convencida de que era fundamental para demostrarle a los capitalinos que el PRD estaba gobernando bien [...] no es que haya hecho una campaña pubicitaria y que haya aparecido en los *spots*; lo que no me perdonaron es que haya tenido éxito político».[5]

Después de denuncias penales de por medio, el Poder Judicial de la Federación determinó en el asunto de la publicidad que no había comisión de delitos en el ejercicio del gasto.

Asimismo, la llamada «Ley Robles» la colocó en el centro del debate por su propuesta de incluir en el Código Penal del Distrito Federal las causales de aborto por malformación del feto o cuando la vida de la madre estuviera en peligro. Pese a ello, la presión de grupos ultraconservadores como Provida, y la negativa de partidos como el Partido Acción Nacional (PAN) no pudieron frenar la aprobación de la ley. La lucha, decía la jefa de Gobierno, era «por el derecho a decidir [de las mujeres] sobre nuestra vida y nuestros cuerpos».[6]

También enfrentó escándalos de corrupción de militantes, como la presunta malversación de recursos del Programa Anual de Adquisiciones en la Delegación Iztapalapa, la cual estaba a cargo de Elio Villaseñor. Según se publicó en medios, los gastos incluían 8 millones de pesos en alimentos como langostas y gansos, o 21 millones de pesos para rentar autos y 24 millones para combustible.[7] Lo que se resolvió con la renuncia del delegado Villaseñor en 1999. A petición de Rosario, su colaborador cercano, Ramón Sosamontes,

[5] Robles, Rosario, *Con todo el corazón. Una historia personal desde la izquierda*, Plaza & Janés, México, 2005.

[6] Magally, Silvia, «Sólo 11 abortos legales a tres años de la Ley Robles», *CIMAC Noticias*, 19 de agosto de 2003. En: http://www.cimacnoticias.com.mx/node/37891.

[7] Nájar, Alberto, «El vía crucis de Iztapalapa», *La Jornada*, 18 de abril de 1999.

tomó las riendas de la delegación,[8] que era el bastión clave del perredismo y la demarcación más poblada de la ciudad, con casi 2 millones de habitantes.

Gracias a ese cargo Sosamontes conoció al empresario Carlos Ahumada, a quien hizo no sólo su contratista, sino parte del equipo de gobierno que participaba en la elaboración del catálogo de obra, es decir, el listado de infraestructura para la demarcación.[9] Con esa información privilegiada, Ahumada *ganaba* los contratos aunque en las licitaciones participaran más empresas. Así lo explicó en su libro *Derecho de réplica*: «La ventaja que nosotros teníamos era que sabíamos con antelación qué trabajos se harían y qué dificultades tenía la obra. Eso explica que hayamos conseguido un porcentaje muy alto de adjudicaciones, porque teníamos esa información a favor con respecto a otras compañías». De esa forma se adjudicó el proyecto de remodelación del monumento Cabeza de Juárez en Iztapalapa, inaugurado en el año 2000 y evento donde coincidió por primera vez con la jefa de Gobierno, Rosario Robles. Aunque ambos aseguran que en realidad se conocieron el 3 de mayo de 2001, en una comida convocada por Sosamontes.

Después de ese primer encuentro, «los lazos se fueron estrechado con el tiempo», relató Rosario en su libro. La relación sentimental entre Carlos Ahumada y la política perredista estaba en marcha.

En 2002, con el apoyo del líder moral partidista Cuauhtémoc Cárdenas, Rosario Robles ganó la presidencia del PRD. El que fuera su siguiente peldaño en su ascenso hacia otra meta, porque «en el fondo, Rosario quería ser presidenta de México», dice Belaunzarán.

Por su parte, Jesús Zambrano —presidente del PRD en 2011— no tiene duda: «Ella terminó un ejercicio muy exitoso como Jefa de

---

[8] Ahumada, Carlos, *Derecho de réplica. Revelaciones de la más grande pantalla política en México*, Grijalbo, México, 2009.

[9] *Ídem*.

Gobierno y estaba en las nubes de popularidad. Dijo 'voy a ser la presidenta exitosa del PRD y de ahí me posiciono para la presidencia de la República'».

La primera gran prueba de su gestión era, entonces, la elección de 2003, en la cual se renovarían la Cámara de Diputados, las delegaciones del Distrito Federal y su Asamblea local, y cinco gubernaturas.

* * *

Los resultados electorales de aquella ocasión podrían leerse como el vaso medio lleno o medio vacío. El PRD pasó de 52 a 95 Diputados Federales, lo que fue una mejora significativa, pero sólo mantuvo 17% de los votos a nivel nacional, aun cuando Rosario había prometido alcanzar 20 por ciento.

La pugna entre las corrientes perredistas se agudizó con esos números. Además, el partido se vio debilitado por el endeudamiento que había adquirido por 645 millones de pesos, sobre todo por publicidad con Televisa, TV Azteca y CNI Canal 40, según documentó el informe del Órgano Central de Fiscalización del PRD, dirigido por militantes como Ricardo García Sainz, Ifigenia Martínez y Carlos Payán.[10] La deuda no podía pagarse ni siquiera con la totalidad de prerrogativas que el partido recibiría en 2004 (530 millones de pesos). Adicionalmente, no sólo se trataba de una cantidad escandalosa, sino de presuntos desvíos. En el informe, Carlos Payán se refirió entre otros aspectos a empresas fantasma y pagos excesivos en publicidad como «Un desorden descomunal».[11]

---

[10] Sandoval Ramírez, Cuauhtémoc, «La renuncia de Rosario Robles», *El Sur*, 11 de agosto de 2013.

[11] Robles, Rosario. *Con todo el corazón. Una historia personal desde la izquierda*. Plaza & Janés, México, 2005.

Los señalamientos fueron ciertos, afirma Fernando Belaunzarán, y «todo el dinero del partido lo ocultó de mil maneras». El operador, dice, fue José Ramón Zebadúa, otro cercano de Robles que entonces era el coordinador General de Administración y Finanzas del partido y que antes fue coordinador de Planeación y Desarrollo, cuando ella fue Jefa de Gobierno. «El endeudamiento [del partido] terminó creciendo porque Zebadúa no pagó muchos contratos que hicieron de prestación de servicios, de propaganda, con televisoras, eventos. Siempre quedó la pregunta ¿y el dinero a dónde se fue? Alguien se quedó con él. Sepa la canción quién», dice el también fundador del PRD, Jesús Zambrano.

Rosario Robles renunció a la presidencia del PRD en agosto de 2003. En su último discurso acusó ser.víctima de «fuego amigo», pero se iba porque «nadie puede dirigir este gran partido maniatado y bajo sospecha. Se ha insinuado un manejo indebido de recursos del partido, se ha sustituido el debate por la filtración interesada».[12]

Aunque en sus memorias Rosario asegura que el Insituto Federal Electoral (IFE) no detectó irregularidades al revisar los gastos de campaña, el problema económico del PRD siguió en los siguientes años. En agosto de 2004, las empresas Docuprint Digital Center, S. A de C. V.; Abastecedora Comercial Pakard S. A. de C. V.; Universal Flexo S. A. de C. V. y Jumen S. A. de C. V. promovieron cuatro juicios ejecutivos mercantiles contra el partido del Sol Azteca por un adeudo global de 20 millones 85 mil pesos.[13] Y aunque el PRD reconoció los pasivos, no encontró documentación que acreditara la recepción de los bienes supuestamente contratados como carteles, plumas, dípticos y volantes. Además, dichas empresas, con domicilio fiscal en Oaxaca, en realidad se dedicaban a la construcción

---

[12] *Ídem.*

[13] Muñoz, Alma, «El PRD debe pagar $36 millones por fraude operado en la gestión de Rosario Robles», *La Jornada*, 15 de febrero de 2010.

e ingeniería en general.[14] Por ello, en 2007 el Partido de la Revolución Democrática presentó una denuncia penal ante la Procuraduría de Justicia del Distrito Federal en contra de José Ramón Zebadúa, el operador financiero de Rosario Robles Berlanga, por irregularidades en el presupuesto del instituto político que incluyó la presentación de facturas falsas por 40 millones de pesos.[15] Pero la investigación quedó congelada.

La decepción

Las elecciones de 2003 tienen relación directa con el terremoto que se suscitó en el PRD tras los «videoescándalos» difundidos en marzo de 2004, lo que algunos de sus militantes llaman «la página negra».

El 1 de marzo de ese año, en el noticiero estelar de Televisa, Joaquín López-Dóriga difundió un video en el que aparecía Gustavo Ponce —entonces secretario de finanzas de Andrés Manuel López Obrador, Jefe de Gobierno del Distrito Federal— y en el que se le podía ver apostando en Las Vegas. Tres días después, Víctor Trujillo, caracterizando a Brozo, también en televisión, presentó el video en el que se veía a René Bejarano —operador político de López Obrador— recibiendo fajos de dólares en un maletín por parte del empresario Carlos Ahumada. La grotesca escena era un golpe directo contra el PRD y el Jefe de Gobierno, quien encabezaba las preferencias electorales rumbo a las elecciones presidenciales de 2006.

Ahumada relata en su libro, *Derecho de réplica*, que desde abril de 2003 había grabado a todos los perredistas a quienes entregó

---

[14] Ídem.

[15] Saldierna, Georgina, «Demanda el PRD al ex oficial mayor Ramón Zebadúa», *La Jornada*, 17 de enero de 2007.

dinero, ello como una forma de asegurar que le pagaran. También cuenta que en agosto de ese mismo año conoció al expresidente priista Carlos Salinas de Gortari y que en cuanto supo de la existencia de los videos preparó la difusión de los mismos para golpear a López Obrador. De ello, dice Ahumada, estaba enterada Rosario Robles porque lo acompañaba a los encuentros con el priista.

Tras los videos, los señalamientos se concentraron en Ahumada y Robles. Primero se destapó su relación sentimental y, con ello, las complicidades que existían para otorgar obra pública en las administraciones perredistas como pago de favores por el financiamiento a las campañas de 2003.

El entonces candidato a la presidencia municipal de Nezahualcóyotl, Estado de México, Luis Sánchez, narra lo que ocurrió en los días previos a la campaña: Ramón Sosamontes —secretario de asuntos electorales del PRD— era el emisario de Rosario Robles para que los candidatos se reunieran con Carlos Ahumada. En el primer encuentro con Sánchez, Ahumada le ofreció recursos para la campaña y, a cambio, sólo le pedía «competir y ganar» las licitaciones de obra pública en el municipio si él resultaba electo. «Le dije que si necesitaba algo, yo le avisaba. Nunca jamás recibí dinero de Carlos Ahumada», sentencia Sánchez, senador por el PRD en 2017.

Por eso, un mes después, Rosario le pidió al senador perredista que se reuniera de nueva cuenta con el empresario:

—Eres el único que no ha venido por dinero, dijo Ahumada al recibirlo.

—Traigo 73% de preferencia en mis encuestas, respondió el candidato.

El empresario intentó persuadirlo con la promesa de que el día de la elección podría hacer que periodistas de todos los medios asistieran a una conferencia de prensa en Neza para que se declarara ganador antes que sus contrincantes. Esa vez, la petición no sólo incluía conseguir obra pública:

—Te pediría nada más que me des chance... yo tengo gente experta en construcción... que te proponga al director de Obras Públicas —le soltó Ahumada.

—No. No puedo. Ya tengo decidido quién sería el director de Obras Públicas porque ya lo veníamos preparando desde el gobierno anterior. No puedo hacer eso.

Al iniciar su administración en el Ayuntamiento, Ahumanda lo buscó varias veces. Cuando Sánchez al fin le recibió la llamada, el empresario le recordó la conferencia de prensa que sí ocurrió. «Me amenazó, decía que él tenía evidencias y que no quería mostrarlas públicamente. Que antes cuando era candidato lo iba a ver y ahora que había ganado ya ni la llamada le recibía». «Pensar que con una conferencia de prensa uno pueda ganar una candidatura, hasta me ofendió. Éste piensa que yo era un pendejo o algo así. ¿Con quién cree que está tratando? Cuando recibí esa llamada dije: 'Estúpido, tonto... que muestre lo que quiera'».

La siguiente ocasión en que Luis Sánchez supo de Ahumanda fue en televisión, cuando reconoció la oficina que él había visitado y que podía verse en el video de Bejarano. «Se me heló la sangre. Lo primero que dije fue 'cuánto valor tiene el sentido común'».

El escándalo derivó en el encarcelamiento de René Bejarano en noviembre de 2004 por la acusación de operaciones con recursos de procedencia ilícita, aunque fue liberado en julio de 2005.

Aunque el Comité Ejecutivo Nacional del PRD ya había decidido expulsar a Rosario Robles y a Ramón Sosamontes, antes de hacerlo público, ambos renunciaron al partido el 10 de marzo.[16] Ella reconoció haberse enamorado y que se había equivocado al «relacionar lo personal con lo político», según relata en su libro. Y pese a que se ha dicho víctima de misoginia y que se utilizó su vida privada para

---

[16] CIMAC, «Renunció Rosario Robles al PRD», *CIMAC Noticias*, 10 de marzo de 2004. En: http://cimacnoticias.com.mx/noticia/renunci-rosario-robles-al-prd.

golpearla políticamente, Jesús Zambrano, uno de sus opositores al interior del PRD, sostiene que todos reconocieron su gestión y lo que hizo por el partido. «Era una buena presidenta, pero no sabíamos nada [de Ahumada] hasta que estalla la bronca y de ahí se vino a pique».

Operadora del PRI

Al empezar 2004, Rosario Robles ayudó a Carlos Ahumada a conseguir fondos para las empresas de Grupo Quart, para lo que pidió prestados 2 millones de dólares a Elba Esther Gordillo Morales, que entonces era Secretaria General del PRI, como lo relata una fuente que presenció el encuentro, pero que pidió el anonimato. La cita la consiguió Emilio Zebadúa, hermano de José Ramón Zebadúa, quien había sido activista en la precampaña de Salinas de Gortari y tuvo tratos con todos los partidos en su paso como consejero del Instituto Federal Electoral en el año 2000. Entonces, Emilio Zebadúa era diputado federal por el PRD, por eso había renunciado a la Secretaría de Gobierno en Chiapas, con el gobernador Pablo Salazar Mendiguchía. Tiempo después también fue acusado de malos manejos financieros en ese cargo y en 2009 fue investigado por la procuraduría estatal por el presunto desvío de recursos públicos.[17]

El préstamo, explicó Robles, era para solventar deudas en las empresas de Ahumada, ni siquiera para el partido. Aunque era «mucho dinero», la lideresa del magisterio prometió conseguirlo con el Sindicato Nacional de Trabajadores de la Educación (SNTE), el cual dirigía. El préstamo acercó a ambas mujeres; incluso, tras

---

[17] Méndez, Alfredo, «Investigan a Emilio Zebadúa González», *La Jornada*, 19 de mayo de 2009.

su renuncia al PRD, Gordillo apoyó a Rosario. Decía que la entendía porque «no era culpable de sus sentimientos», no debían lincharla por haberse enamorado de un hombre que la trataba como una reina.

Por su parte, Emilio Zebadúa también consiguió el aprecio de la maestra Gordillo. Lo describía como alguien «culto, brillante»; por eso, no dudó en arroparlo cuando el PRD le negó la candidatura a la gubernatura de Chiapas en 2006. Nueva Alianza, el partido de la lideresa magisterial, lo hizo su abanderado en esos comicios. Aunque perdió, la maestra lo nombró presidente de la Fundación para la Cultura del Maestro del SNTE en 2007.

Aunque Rosario firmó un pagaré, nunca devolvió el dinero del préstamo. Se sabe, también, que cuando Gordillo fue encarcelada en 2013, recurrió a Zebadúa y a Robles para recuperar el dinero, pero ambos ignoraron sus llamadas.

Después de los videoescándalos, Rosario Robles se alejó de la vida pública por el lapso de dos años, pero en 2007 reapareció con su consultoría Sostén, formada en sociedad con la encuestadora María de las Heras, entre otras mujeres. Al mismo tiempo era co-conductora en el programa de opinión *Mujeres en el Risco*, transmitido por Televisión Mexiquense, televisora dependiente del Estado de México cuando Peña Nieto era su gobernador.

Uno de los trabajos importantes realizados por Sostén fue la asesoría en la campaña de la priista Ivonne Ortega en la elección por la gubernatura de Yucatán en 2007 y que ganó con siete puntos de ventaja respecto a su competidor panista, Xavier Abreu.[18]

En esa ocasión, Robles decía: las mujeres «queremos el poder, no nos debe dar pena, pero al tomar la decisión tenemos que hacerlo con todo lo que esto implica para realmente ganar un puesto

---

[18] Rodríguez, Yazmín, «Entregan a Ortega constancia en Yucatán», *El Universal*, 27 de mayo de 2007. En: http://archivo.eluniversal.com.mx/notas/427604.html.

de elección popular, sobre todo ahora que estamos en procesos muy competidos».[19]

Su acercamiento con el priista era tal que al iniciar 2012, el candidato presidencial del PRI, Enrique Peña Nieto tuvo un encuentro con Elba Esther Gordillo Morales y Rosario Robles Berlanga, además de Luis Videgaray —quien después sería nombrado Secretario de Hacienda— y Juan Díaz —secretario general del SNTE—. El joven candidato le pidió a la lideresa que Robles fuera candidata a la presidencia por el Partido Nueva Alianza (Panal), el partido del magisterio, el cual aún no definía quién sería su abanderado.

«Perdón, candidato, pero no puedo. Rosario es una mujer brillante, pero un sector de la izquierda la rechaza. En el Panal hay un sector importante de la izquierda que incluso apoya a López Obrador, pero poner de candidata a Rosario es un problema que no estoy dispuesta a comprar», respondió Gordillo. «Esa negativa fue de los primeros enojos de Peña con *La Maestra*», dice la fuente que también estuvo en el encuentro pero prefirió no ser citada.

Sin embargo, Robles consiguió reflectores en plena campaña presidencial por apoyar públicamente al candidato del PRI, Enrique Peña Nieto, a través de la red de mujeres de la sociedad civil. Llamaba la atención que una líder histórica de la izquierda colaborara con un aspirante que buscaba recuperar Los Pinos para el PRI. «Lo conozco, porque tengo una relación personal con él de trabajo, de afecto», dijo Robles al justificar el punto.[20]

Aunque entonces negaba que buscar un cargo en el gabinete de Peña Nieto, en septiembre de 2012 fue nombrada parte del equipo

---

[19] Godínez Leal, Lourdes, «Con 'Sostén', Rosario Robles empoderará a las mujeres», *CIMAC Noticias*, 26 de enero de 2007.

[20] Covarrubias Sandoval, Adriana, «Rosario Robles hace campaña a favor de Peña Nieto», *El Universal*, 27 de abril de 2012.

de transición[21] y más tarde, en diciembre de ese año, Secretaria de Desarrollo Social. Sus dos incondicionales continuaron con ella: Emilio Zebadúa fue nombrado oficial mayor en la Sedesol, el puesto más importante después del titular, porque cualquier ejercicio de recursos pasa por su aval. Mientras que Ramón Sosamontes fue designado jefe de la oficina de la misma dependencia.

Posteriormente, cuando Rosario Robles fue enviada a la Secretaría de Desarrollo Agrario, Territorial y Urbano (Sedatu), en agosto de 2015, nuevamente nombró como oficial mayor a Zebadúa y, aunque Sosamontes ya no aparecía en el directorio oficial, recibía dinero del erario gracias a la figura de «asesor externo».[22]

* * *

La presente investigación documentó que 2 mil 283 millones de pesos de la Sedesol destinados a programas sociales fueron desviados a convenios que simularon la contratación de servicios y el dinero terminó en empresas fantasma. Por esta razón buscamos contactar a Rosario Robles, antes de que la revelación fuera publicada en *Animal Político* en septiembre de 2017.

La funcionaria había aceptado una entrevista con el equipo de reporteros, además de Daniel Moreno, director de *Animal Político*, y Salvador Camarena, director de investigación periodística de Mexicanos contra la Corrupción, pero luego cambió de opinión y decidió hablar sólo con los directivos mencionados.

---

[21] Redacción, «Desde Videgaray y Osorio Chong, hasta Rosario Robles: El equipo de transición de EPN», *Animal Político*, 5 de septiembre de 2012. En: http://www.animalpolitico.com/2012/09/anuncia-epn-a-integrantes-de-su-equipo-de-transicion/.

[22] Tourliere, Mathieu, «En la Sedatu, Rosario Robles paga millonadas a un séquito de 'asesores'», *Proceso*, 8 de julio de 2017. En: http://www.proceso.com.mx/494154/en-la-sedatu-rosario-robles-paga-millonadas-a-sequito-asesores.

De este modo, Rosario Robles llegó a la cita acompañada de Emilio Zebadúa —oficial mayor en Sedesol y en la Secretaría de Desarrollo Urbano, la dependencia que ella encabezaba desde 2015—, así como del abogado de la Sedesol en la administración de Luis Miranda, David Garay, quien no pronunció palabra alguna en toda la reunión. La conversación fue ríspida. Rosario Robles estaba enterada de los hallazgos de la investigación y los periodistas le explicaron cuáles eran las pruebas que confirmaban el desvío. Ella intentó minimizar la investigación y levantó la voz en varias ocasiones. Su molestia era evidente.

—Yo no firmé nada —dijo tajante la Secretaria.

—No decimos eso —replicaron los periodistas—. Se trata de un desvío en su administración.

—Los servicios sí se hicieron y lo podemos comprobar.

Acto seguido, puso sobre la mesa un expediente de 500 páginas que, según dijo, era la prueba de su inocencia. Se trataba de la investigación que había hecho el Órgano Interno de Control de la Sedesol sobre los convenios con las universidades en 2015. Según ella, los investigadores habían confirmado que no había delitos que perseguir. El documento incluso tenía párrafos subrayados, sobre todo, aquellos que deslindaban a la Sedesol de alguna responsabilidad. Sin embargo, los oficios estaban incompletos. Tampoco estaban todas las conclusiones de los investigadores del Órgano Interno de Control y las supuestas pruebas del servicio sólo eran actas firmadas por funcionarios de la dependencia y las universidades.

No había manera de conseguir el resto del documento porque no existía copia en los archivos de la nueva administración de Sedesol pues, según dijeron algunos funcionarios, Rosario se había llevado documentación al dejar la Secretaría. Lo que sí estaba era un oficio de octubre de 2015 en el que el Órgano Interno de Control concluía que los funcionarios públicos no habían incurrido en ninguna ilegalidad y, por tanto, cerraba el caso.

En cambio, la Auditoría Superior de la Federación sí encontró irregularidades suficientes y presunción de delitos, por lo que interpuso 14 denuncias penales ante la PGR contra la Sedesol y la Universidad Autónoma de Morelos en 2013. Sin embargo, hasta 2017 el caso no había llegado a juicio.

Del Mazo, el heredero del PRI

La noche del 4 de junio de 2017, una manta gigante colgada en el cuartel de campaña esperaba al candidato a la gubernatura del Estado de México, Alfredo del Mazo Maza, en ella se leía: «¡Gracias! Ganamos los mexiquenses». Pero el mensaje contrastaba con los hechos. Los militantes priistas apenas ocupaban la mitad de la explanada y el maestro de ceremonias intentaba animarlos con poco éxito. «No se oye, no se oye, que nadie se quede callado. A la bio, a la bao, a la bim bom ba, Del Mazo...». Al candidato le tomó sólo dos minutos llegar al templete, pues pocos se le acercaron. Una hora antes, el conteo rápido le daba la victoria, apenas rebasando por dos puntos a Delfina Gómez, la candidata de Morena. Antes de comenzar su discurso, Del Mazo respiró profundamente, aliviado, como si al fin pudiera hacerlo.

Con la mano derecha acomodó su cabello, aunque no lo necesitaba. Pese a la larga jornada electoral, lucía impecable con una camisa blanca, un pantalón negro y un chaleco rojo. No en vano ganó el mote de «Caballero de Huixquilucan», desde que gobernó ese municipio. En su discurso, los agradecimientos fueron primero para los operadores que salieron a las calles a cuidar al partido.[23] Y tenía razón en hacerlo. Su antecesor, Eruviel Ávila, consiguió la gubernatura con 64% de los votos. Había arrasado. Incluso superó a Enrique

---

[23] *Ídem.*

Peña Nieto que logró la victoria con 47.5% en 2005. La campaña de Del Mazo, en cambio, consiguió apenas 33%.[24] La victoria fue conseguida por la maquinaria priista. «Nos costó mucho trabajo ganar esa elección, pero lo importante es que la ganamos», reconocen fuentes del partido que pidieron el anonimato.

* * *

Alfredo del Mazo Maza es heredero del poder. Aunque quien lo conoce lo describe como un hombre tranquilo, ecuánime y con facilidad de palabra, su mayor *cualidad* está en su familia. Es primo menor del presidente Enrique Peña Nieto, quien siempre le ha encontrado lugar en sus administraciones durante la última década.

El 15 de septiembre de 2017 se convirtió en el tercer gobernador del Estado de México con el apellido Del Mazo. Su padre, Alfredo del Mazo González, gobernó la entidad en 1981 y su abuelo, Alfredo del Mazo Vélez, lo hizo en 1945. Por eso, en una cuestión de sangre, "toda su vida pensó en ser gobernador", dicen priistas mexiquenses que lo conocen desde los seis años, cuando su familia se mudó del Distrito Federal a Toluca, época en que su padre tomó la administración del Estado de México.

El linaje del Grupo Atlacomulco

Del Mazo pertenece al llamado «Grupo Atlacomulco», el cual no es una corriente de partido ni una estructura con jerarquía. Algunos ni siquiera reconocen su existencia, pero los efectos que produce son

[24] Ángel, Arturo, «Sin alternancia en el Edomex: Del Mazo aventaja por dos puntos a Delfina; Morena irá a Tribunales», *Animal Político*, 5 de junio de 2017. En: http://www.animalpolitico.com/2017/06/edomex-del-mazo-delfina-morena/.

indudables. Se trata del grupo político, marcado por el linaje, en el que siete integrantes han sido gobernadores del Estado de México y uno de ellos, Presidente de la República: Enrique Peña Nieto.

«A veces la mención del Grupo Atlacomulco trae consigo un dejo de conspiración, de secretismo, de protección de intereses inconfesables o turbios. No hay tal grupo, no hay que haber nacido en Atlacomulco y haber ido a rezarle al Señor del Huerto o haber nacido en Los Portales de Toluca para ser gobernador del Estado de México; lo que hay es un estilo mexiquense de hacer política», dice el priista César Camacho Quiroz, al tratar de explicar qué implica dicho grupo.[25]

Pero la historia del linaje, documentada en *Las enseñanzas del profesor: Grupo Atlacomulco. De Hank González a Peña Nieto*, por el periodista José Martínez, da un vistazo de lo que significa. El nombre del grupo se atribuye al periodista Gregorio Ortega, que en los cincuenta observó la influencia política ejercida entre 1942 y 1957 por los tres personajes oriundos del municipio y los llamó «los hombres de Atlacomulco»: Isidro Fabela, Alfredo del Mazo Vélez y Salvador Sánchez Colín.[26]

De esta manera, Isidro Fabela ganó la gubernatura del Estado de México y tomó como discípulos a Alfredo del Mazo Vélez y a Carlos Hank González. Éste último tomó la batuta tras la muerte del patriarca Fabela en 1964 y la fuerza que consiguió en el estado le valió amistad con los presidentes Gustavo Díaz Ordaz y José López Portillo. En los siguientes años, el Grupo Atlacomulco se fue formando con los herederos de tres familias: Del Mazo, Montiel y Hank. El presidente Enrique Peña Nieto es uno de ellos porque su abuelo, Arturo Peña Arcos, se casó con Dolores del Mazo Vélez, hermana de Alfredo

[25] Chávez, Paulina; Lozano, Nacho, «La Profecía de Atlacomulco», *Revista Quién*, 7 de mayo de 2012. En: https://www.quien.com/espectaculos/2012/05/07/la-profecia-de-atlacomulco-enrique-pena-nieto.

[26] *Ídem*.

del Mazo Vélez.[27] Mientras que Socorro Nieto Sánchez —su madre— es hija de Constantino Nieto Montiel y Ofelia Sánchez Colín, de ahí el parentesco, aunque lejano, con el exgobernador Arturo Montiel.[28]

Con la Presidencia de la República, Peña también ganó mayor influencia en el Grupo, pero desde joven consiguió «padrinazgos» importantes. Comenzó como encargado de finanzas en la campaña para gobernador de Emilio Chuayffet en 1993, su ascenso político estuvo al amparo del entonces gobernador del Edomex, Arturo Montiel, quien lo nombró Subcoordinador de Finanzas y luego Secretario de Administración. Pese a este impulso, en 2005, Peña Nieto tuvo que deslindarse de Montiel —al menos públicamente— debido a que enfrentó acusaciones sobre un supuesto enriquecimiento ilícito; lo que, además, le impidió ser candidato a la Presidencia en 2006. Aunque la PGR y la Comisión Nacional Bancaria y de Valores iniciaron investigaciones por la presunción de delitos como operaciones con recursos de procedencia ilícita y enriquecimiento ilícito,[29] Montiel no ha sido llevado a juicio.

El *caballero* y el plebeyo

Quizá la máxima prueba de Alfredo del Mazo Maza para demostrar su pertenencia al Grupo Atlacomulco ocurrió en 2012, cuando cejó su aspiración a la gubernatura del Estado de México ante la locomotora electoral que representaba Eruviel Ávila, entonces presidente municipal de Ecatepec.

---

[27] Cruz, Francisco; Toribio Montiel, Jorge, *Negocios de familia. Biografía no autorizada de Peña Nieto y el Grupo Atlacomulco*, Booket, México, 2009.

[28] *Ídem.*

[29] Díaz, Gloria Leticia, «Montiel, bajo investigación de Hacienda», *Proceso*, 13 de enero de 2012.

Con ello, cumplió una de las reglas no escritas del Grupo Atlacomulco que dicta, a quien no resulta favorecido para un cargo, «regresar a la serenidad mientras espera con paciencia su oportunidad».[30]

En 2009, Del Mazo era presidente municipal de Huixquilucan —uno de los municipios del Estado de México más acaudalados, con lujosos centros comerciales y zonas residenciales— y la gubernatura parecía el paso natural, sobre todo por su apellido. Sin embargo, Eruviel Ávila Villegas había logrado gobernar el populoso Ecatepec, con sus 1.6 millones de habitantes, en dos ocasiones, en 2003 y 2009. Su operación electoral resultaba más eficaz que sus resultados de gobierno: dejó el municipio con 786 mil personas en pobreza, el mayor número de todos los municipios del país,[31] y con un índice delictivo que lo coloca como el más violento de su entidad.

A diferencia de los integrantes del Grupo Atlacomulco, Ávila no proviene de una familia poderosa. De hecho, su origen humilde fue un aspecto que explotó durante sus campañas, por lo que circularon videos en los que vecinos contaban que el niño Eruviel ayudaba a su padre a cobrar el pasaje en el autobús que manejaba o que aprendió el oficio de *vidriero*, cuando la familia decidió emprender ese negocio.[32] Su fuerza política en terreno estaba probada. En los comicios municipales de 2003 obtuvo 33.24% de la votación, derrotando al PAN, partido que había sido impulsado por la victoria de Vicente Fox en la elección presidencial del año 2000. En 2009, Eruviel Ávila obtuvo 44.37%[33] y

[30] Cruz, Francisco; Toribio Montiel, Jorge, *Negocios de familia. Biografía no autorizada de Peña Nieto y el Grupo Atlacomulco*, Booket, México, 2009.

[31] *Medición de la Pobreza Municipal 2015*. Consejo Nacional de Evaluación de la Política de Desarrollo Social (Coneval).

[32] *De oficio vidriero... esta es parte de mi vida*, EruvielTv, 25 de marzo de 2011. En: https://www.youtube.com/watch?v=ZvOe0shr4Mc.

[33] Instituto Electoral del Estado de México (IEEM).

derrotó al PRD, entonces beneficiado por la popularidad de Andrés Manuel López Obrador.

En 2012, Ávila Villegas buscaba la candidatura a la gubernatura, aun sabiendo que su rival sería Del Mazo, junto con el poderoso Grupo Atlacomulco. Con el capital político que había logrado, incluso, amenazó que de no ser candidato buscaría al PRD para contender en esos comicios.[34]

Enrique Peña Nieto buscaría la presidencia en 2012 y sabía que el Estado de México sería un capital importante por sus 11 millones de electores,[35] y que tener a Eruviel en la oposición y a un candidato como Del Mazo, que tenía números bajos en las encuestas, era un riesgo que no estaba dispuesto a sortear. «Del Mazo figuró para ser candidato, pero se quedó en la orilla», dice un priista testigo del proceso que pidió anonimato. Enrique Peña Nieto fue el encargado de pedirle a su primo que se replegara.[36]

El 26 de marzo de 2011, Del Mazo anunció su retiro de la contienda por la candidatura. Aceptó, calló y se retiró, como dictan los usos y costumbres del Grupo Atlacomulco, «supo digerir lo que en ese momento fue derrota. Pero tuvo la capacidad para sobreponerse», dicen los priistas.

Becario del erario, protegido del primo

El currículum de Alfredo del Mazo Maza tiene una peculiaridad. Dice que en el año 2000 cursó un posgrado en la Universidad de Harvard, pero ese mismo año también aparece como empleado de Gerencia

---

[34] Cruz Jiménez, Francisco, *Los juniors del poder*, Temas de hoy, México, 2014.

[35] INE, *Elección Estado de México 2017*, INE. En: https://www.ine.mx/voto-y-elecciones/elecciones-2017/estado-mexico-2017/.

[36] Cruz Jiménez, Francisco, *Los juniors del poder*, Temas de hoy, México, 2014.

de Financiamiento y Análisis de Mercados de Petróleos Mexicanos, cuando tenía 25 años de edad.

Pero no se trata de un error, sino de un uso indebido de atribuciones y facultades, según la averiguación previa de la Procuraduría General de la República 09/DAFMJ/2002, por parte de Juan José Domene Berlanga y Carlos Juaristi Septién, ex directores de Finanzas y de Administración de Pemex.[37] De acuerdo con la investigación, ambos funcionarios permitieron que Alfredo del Mazo Maza cobrara una beca de 257 mil pesos por parte de Pemex para estudiar en Estados Unidos, pese a que no cumplía con el requisito de ser empleado de planta con tres años de antigüedad para acceder a dicho apoyo. De hecho, Del Mazo sólo tenía tres meses cuando Domene autorizó la beca, el cobro de salario y el resto de prestaciones, como aguinaldo, fondo de ahorro, incentivo al desempeño, reembolso por libros y viáticos, durante su año de estudios, que va del 8 de septiembre de 2000 al 21 de septiembre de 2001. Cabe señalar que el desenlace de la investigación no se hizo público.

Al regresar a México, Del Mazo trabajó para la iniciativa privada, en Banco Azteca, pero pronto se incorporó a la administración de Arturo Montiel como director general de Fomento a la Micro y Pequeña Empresa de la Secretaría de Desarrollo Económico del estado en 2005. Sin embargo, su carrera política se la debe a su primo Enrique Peña Nieto. Cuando éste ganó la gubernatura, en 2006, lo nombró director del Instituto Mexiquense del Emprendedor, un organismo público descentralizado dependiente de la Secretaría de Desarrollo Económico.

Los priistas lo identificaban entonces como un «junior que sólo pensaba en divertirse, un joven engreído y vanidoso, amante de los placeres de la mesa, más a gusto en la barra de una cantina y en la

---

[37] Barajas, Abel, "Indaga Procuraduría a un hijo de Del Mazo", *Mural*, 22 de julio de 2002.

pista de la disco de moda, y cuyo papel en el gobierno se justificaba sólo a través de los parentescos del Grupo Atlacomulco», dice el periodista Francisco Cruz Jiménez en su libro *Los juniors del poder*.

El siguiente puesto que ocupó fue como Secretario de Turismo del Estado de México, en 2008, era la primera vez que lo alumbraban los reflectores como parte del gabinete de primera línea, pero lo único que le dio renombre fue una fallida propuesta de «promoción cultural y turística» en 2008. Convenció a su primo, el gobernador, de que *Resplandor teotihuacano*, un espectáculo de luz y sonido en las pirámides del Sol y de la Luna, sería un proyecto de promoción internacional para la zona arqueológica de Teotihuacán, declarada en 1987 Patrimonio Cultural de la Humanidad.

Los trabajos de este proyecto comenzaron con el aval del Instituto Nacional de Antropología e Historia (INAH) y su director, Alfonso de María y Campos, y del Consejo de Arqueología,[38] el máximo órgano de decisión que otorga los permisos de intervención. Sin embargo, en diciembre de 2008, trabajadores del Instituto pararon las obras debido a las afectaciones en las pirámides a causa de 8 mil perforaciones que habían hecho para fijar las bases de aluminio de las luminarias que serían utilizadas para el espectáculo.[39]

El proyecto fue cancelado definitivamente debido a la presión de la Comisión de Cultura de la Cámara de Diputados y de trabajadores del sindicato del INAH. Sin embargo, en 2016, ya como presidente, Peña Nieto concretó *Experiencia nocturna*, un espectáculo de luces proyectadas desde camiones que, según dijeron, no afectaba la zona arqueológica.

---

[38] Granados Chapa, Miguel Ángel, «Resplandor teotihuacano», *El Siglo de Torreón*, 12 de febrero de 2009.

[39] Rodríguez, Mónica, «Suspende INAH las obras del Resplandor Teotihuacano», *La Jornada*, 23 de diciembre de 2008.

Banobras *regala* 99.4 millones de dólares

Después de que en 2012 cedió en su aspiración a la gubernatura, Alfredo del Mazo fue nombrado por el presidente Enrique Peña Nieto, como director del Banco Nacional de Obras y Servicios Públicos (Banobras), la institución dedicada a financiar infraestructura a través de novedosos esquemas que incluyen al sector privado.

Poco después de un año de la administración de Del Mazo, Banobras autorizó un financiamiento de 99.4 millones de dólares a la empresa Rotary Drillrigs International (Rodisa), cuyo apoderado legal era un excolaborador de Del Mazo, misma que ya había sido boletinada en el Gobierno Federal por la presunción de delitos.

Rodisa fue creada en julio de 2011 para realizar perforación de pozos y servicios en la industria petrolera y, con sólo 10 meses de operación, consiguió dos contratos con Pemex por 203 millones de dólares para venderle equipo de perforación y asistencia técnica, pero presentó pólizas de seguro falsas y no cumplió con los servicios.[40]

Aun con este antecedente, en agosto de 2013 Banobras entregó el dinero prometido a la empresa; de modo que pasó por alto —incluso— que las pólizas de fianza y los avalúos de los inmuebles de garantía presentados también eran falsos, según lo comprobó la PGR en la investigación que comenzó en 2014 con la averiguación UEIORPIFAM/AP/260/2014.[41] En la fecha en que la empresa consiguió ese financiamiento, recién había nombrado como apoderado legal a Óscar Fernández Luque, colaborador de Del Mazo durante

---

[40] Cámara de Diputados, *Punto de acuerdo en relación con el fraude y daño patrimonial a Banobras durante la dirección de Alfredo del Mazo Maza*, Cámara de Diputados, 9 de mayo de 2017.

[41] Barajas, Abel, «Defraudan a Banobras», *Mural*, 20 de febrero de 2016. En: http://www.mural.com/aplicacioneslibre/articulo/default.aspx?id=772683&md5=4be0484668615cbe508f2e7dc9330e1a&ta=0dfdbac11765226904c16cb9ad1b2efe.

los tres años de su administración en Huixquilucan, fungiendo como director de Desarrollo Social y miembro de la Confederación Nacional de Organizaciones Populares (CNOP) del PRI.

Hasta 2017 Fernández Luque continuaba prófugo. Por otra parte, en julio de 2015, José Antonio Álvarez del Castillo Gómez fue aprehendido, dado que estaba implicado en el presunto fraude, aunque fue liberado en diciembre de ese mismo año.[42] Mientras que Jorge Daniel Salas Hernández, el principal accionista de la compañía, fue capturado en octubre de 2016.[43]

* * *

En la gestión de Del Mazo en el municipio de Huixquilucan, también hubo manejo irregular de recursos públicos, según documentó la Auditoría Superior de la Federación, pues se autorizó que policías municipales fuesen escoltas de exfuncionarios, aunque eso no estuviera permitido por la ley, lo que significó un posible daño al erario por 3.3 millones de pesos, correspondientes al Fondo de Aportaciones para el Fortalecimiento de los Municipios (Fortamun).

Mientras que, por otra parte, 1.8 millones de pesos también significan un probable daño a las finanzas públicas por la mala aplicación de recursos del Fondo de Infraestructura Social Municipal en acciones que no contribuyeron a beneficiar a personas en rezago social y pobreza extrema.[44]

En La Estafa Maestra, Banobras desvió 491 millones 539 mil pesos a través de tres convenios con el Fondo de Fomento y Desarrollo

---

[42] Méndez, Alfredo, «Detiene la PGR a un empresario acusado de defraudar 91 millones de dólares a Banobras», *La Jornada*, 28 de julio de 2015.

[43] Barajas, Abel, «Cae otro implicado en fraude a Banobras», *Mural*, 11 de octubre de 2016.

[44] *Expansión* «Alfredo del Mazo deja cuentas por aclarar a su paso por Huixquilucan y Banobras», *Expansión*, 3 de mayo de 2017.

de la Investigación Científica y Tecnológica (Fondict) de la UAEM, en 2013. De ello, el Fondo se quedó con 12 millones 77 mil pesos de «comisión» por ser intermediaria y entregar el dinero a una veintena de empresas. Los servicios supuestamente contratados van desde instalar la red de telefonía e internet en el edificio de Banobras, hasta la fabricación de *software*.

La Auditoría Superior de la Federación documentó que, como evidencia de los servicios, el Fondo presentó oficios llamados «Constancia de cumplimiento», pero nada sobre los supuestos trabajos que hicieron las empresas.

En teoría, este tipo de irregularidades deberían ser detectadas por los encargados de finanzas, los contralores de las instituciones o el Órgano Interno de Control, que depende de la Secretaría de la Función Pública y se encarga de vigilar la actuación de los funcionarios y el destino de los recursos. Pero Alfredo Del Mazo Maza ha colocado a sus colaboradores leales en esos puestos. Por ejemplo, la titular del Órgano en Banobras durante la gestión de Del Mazo fue Aurora Sosa Oblea y, según la ley, era la encargada de investigar las presuntas irregularidades en el otorgamiento de crédito a Rodisa o el esquema de desvío de La Estafa Maestra. Pero en 2017 renunció a su puesto para incorporarse al gobierno del Estado de México como Coordinadora de Administración en la gestión de Del Mazo.[45] Otro elemento clave fue Rodrigo Jarque, quien era tesorero municipal en Huixquilucan, pero siguió trabajando con Del Mazo en Banobras como director general de finanzas, para ser nombrado secretario de Finanzas. Por último está José Luis Cummings Ibarra que fue el contralor interno en Huixquilucan, posteriormente, director de Contraloría en Banobras y, luego, delegado de este banco en Quintana Roo.

---

[45] Información Pública de Oficio Mexiquense. Directorio de Servidores Públicos. En: http://www.ipomex.org.mx/ipo/lgt/indice/finanzas/directorioLgt.web.

Emilio Lozoya, del BID al PRI

Emilio Lozoya Austin no sonríe ante las cámaras. Es 17 de agosto de 2017 y ofrece una conferencia de prensa para defenderse de los presuntos actos de corrupción para beneficiar a la empresa brasileña Odebrecht. Esta imagen suya no se parece a las fotografías de las revistas de negocios donde sonríe astuto, como quien ya es considerado uno de los mexicanos más influyentes en el país y apenas ha rebasado los 40 años.

Llega enfundando en un traje oscuro y con cabello impecable. Lo flanquean dos abogados. Esta vez tiene el rostro duro. Arranca el mensaje que lleva escrito con un deslinde enfático: «Hoy me presento ante la ciudadanía para aclarar las acusaciones completamente falsas, sin sustento y que afectan mi carrera profesional y mi honorabilidad».

El hombre que parecía tener todas las credenciales para mantener su carrera política en ascenso, enfrenta ahora acusaciones en el caso Odebrecht, la historia de corrupción más grave de los últimos años en América Latina que involucra a Brasil, Argentina, Venezuela, Ecuador, México, Guatemala, Angola, Mozambique, Colombia, República Dominicana, Panamá y Perú.

* * *

En 2007, el gobernador del Estado de México, Enrique Peña Nieto, acudió al Foro Económico Mundial, en Davos, Suiza. Apenas tenía 41 años y el "club" de los políticos y empresarios más influyentes del mundo lo reconocía como uno de los jóvenes líderes globales en la reunión de ese año.

Emilio Lozoya, por su parte, era director en jefe para América Latina del Foro Mundial, por eso tenía trato directo con los políticos latinoamericanos, pero con Peña se esmeraba. «En todas las reuniones fue muy atento, fue un facilitador. Nos ayudó hasta con los accesos de la prensa que acompañaba al mandatario estatal», recuerda un exfuncionario del estado que prefiere guardar el anonimato.

En ese viaje, el encargado de presentar a Lozoya y a Peña Nieto fue el entonces secretario de Finanzas del Estado de México, Luis Videgaray. Ése fue el encuentro clave que en la futura relación colocaría a Lozoya en el círculo cercano del presidente.

El ITAM, la clave

Emilio Lozoya Austin tiene tradición política. Su padre, Emilio Lozoya Thalmann, fue subsecretario del Trabajo en la administración de Miguel de la Madrid y secretario de Energía, Minas e Industria Petrolera Paraestatal y director general del ISSSTE en el gobierno de Carlos Salinas de Gortari. Su abuelo, Jesús Lozoya Solís, fue general de brigada y gobernador interino de Chihuahua en 1955, estado de origen de la familia. Sin embargo, la entrada de Lozoya Austin a la política mexicana no ocurrió por la vía familiar, sino gracias a la carrera que hizo en el extranjero y a vínculos con influyentes políticos.

Lozoya estudió la Licenciatura en Economía en el Instituto Tecnológico Autónomo de México (ITAM), una de las instituciones privadas más prestigiosas del país, y tuvo como maestro a Pedro Aspe, exsecretario de Carlos Salinas de Gortari, quien lo tomó como discípulo. «Tuve un buen desempeño en sus clases, y, como era muy generoso con quienes tenían buen desempeño, me apoyó en el proceso para irme al exterior [Maestría en Harvard], como a muchos otros compañeros», cuenta Lozoya en una entrevista otorgada a ADNPolítico.

En ese periodo, Lozoya Austin conoció a Videgaray porque él —también exalumno del ITAM— ya trabajaba con Pedro Aspe en su empresa Protego,[46] un banco de inversión que se dedicaba a rescatar y evaluar la plusvalía de bienes raíces y donde sus mejores alumnos tenían cabida.[47]

Después de la vida académica, Lozoya creció profesionalmente en el extranjero y en 2003 consiguió ser oficial de inversiones en la Cooperación Interamericana de Inversiones del Banco Interamericano de Desarrollo (BID), área dedicada a la reestructuración de créditos en industrias y gobiernos de América Latina. Así, continuó cosechando lazos con líderes del continente en la dirección para América Latina del Foro Económico Mundial desde 2006. Y a partir de 2009 comenzó su trabajo en fondos de inversión en Albacop Holdings, por lo que al año siguiente fundó y se convirtió en director ejecutivo de JF Holdings, que se dedicaba a rescatar empresas al borde de la quiebra pero con altas posibilidades de negocio. Apenas tenía 38 años, pero sus habilidades financieras hicieron que esa empresa que había nacido con 50 millones de euros, a los 13 meses siguientes manejara mil 300 millones de euros.[48]

Por otro lado, en México, los expertos en los fondos de inversión eran Aspe y Videgaray a través de Protego, empresa con la cual ayudaban a los gobiernos estatales a reestructurar su deuda. Uno de sus clientes fue el gobernador del Estado de México, Arturo Montiel.

A partir de ese primer acercamiento con los políticos de la entidad mexiquense, Videgaray siguió escalando posiciones hasta llegar en 2012 a la coordinación de la campaña de Enrique Peña Nieto rumbo a la Presidencia de México. Ahí se reencontró con Lozoya,

---

[46] Páez Varela, «Pedro Aspe, Videgaray y el petróleo», *Sin Embargo*, 8 de octubre de 2013. En: http://www.sinembargo.mx/08-10-2013/3018055.

[47] González, Jesús Isaac, «Momento de evaluar: Pedro Aspe», *Líderes Mexicanos*, 17 de mayo de 2017. En: https://lideresmexicanos.com/entrevistas/pedro-aspe-momento-de-evaluar/.

[48] Cruz Jiménez, Francisco, *Los juniors del poder*, Temas de hoy, México, 2014.

quien tuvo la encomienda de la «Vinculación internacional» durante la contienda electoral. Quizá por eso cuando Peña ganó la Presidencia, «todos creían que lo nombraría canciller», según fuentes priístas, pero sus conocimientos sobre «rescates» empresariales, más bien, lo colocaron en Petróleos Mexicanos.

La reforma energética

El presidente Enrique Peña Nieto no encontró mejor metáfora para explicar que, en 2017, Pemex —la principal fuente de ingresos de un país dependiente de sus yacimientos petroleros— tenía una baja producción de petróleo preocupante. «La gallina de los huevo de oro se nos fue secando, se nos fue acabando».[49]

Esa imagen contrastaba con la promesa que había hecho al inicio de su sexenio, al decir que con la Reforma Energética Pemex dejaría de ser una paraestatal y se convertiría en una empresa productiva que impulsaría el desarrollo energético en el país y que esto repercutiría en el bolsillo de los mexicanos.

De modo que la Reforma Energética fue una prioridad al inicio del sexenio. Gracias al Pacto por México, con la participación de las principales fuerzas partidistas, el Poder Legislativo aprobó en diciembre de 2013 la reforma constitucional que permitió otorgar contratos a empresas extranjeras para extraer hidrocarburos del subsuelo mexicano. Lo que ninguno de los presidentes anteriores había conseguido.

De forma que Lozoya fue el encargado de operar la transformación en Pemex para cumplir esta promesa sexenal; pero en la

---

[49] Staff, «Se nos fue acabando la gallina de los huevos de oro: Peña Nieto», *Forbes*, 12 de enero de 2017. En: https://www.forbes.com.mx/la-gallina-los-huevos-oro-se-nos-fue-acabando-pena-nieto/.

práctica, la reforma no significó mejoras en la empresa. Aunque había pronosticado que al concluir la administración de Peña habría una producción de 3 millones de barriles diarios, en 2017 sólo había alcanzado 2 millones de barriles.[50] Lo que sí ocurrió fue que se hizo de las transacciones de Pemex una cuestión privada. Como es el caso de la compra, en 2013, de un complejo industrial en Veracruz que serviría para reactivar la producción de fertilizantes en México, durante la gestión de Lozoya. La compra fue realizada por Pro Agro Industria, una filial de Pemex, por un monto de 275 millones de dólares, pero con el resultado de que 60% de la planta era inservible.[51]

Cuando un ciudadano quiso conocer los términos de la compra antes mencionada, el Instituto Nacional de Acceso a la Información (INAI) le negó la información porque, con la Reforma Energética, Pemex se convirtió en una empresa productiva del Estado y sus compañías privadas no quedan sujetas a la Ley General de Transparencia.[52]

Odebrecht, el gigante de la corrupción

Odebrecht es una empresa constructora fundada en 1944. El nieto del patriarca, Marcelo Odebrecht, logró un crecimiento imparable de la compañía entre 2008 y 2015. Consiguió que operara en 25 países, facturaba 34 mil millones de euros al año y tenía 128 mil empleados. Era el segundo empleador de Brasil, sólo detrás de la petrolera

[50] Riquelme, Rodrigo, «10 momentos clave de Emilio Lozoya durante su gestión en Pemex», *El Economista*, 15 de agosto de 2017.

[51] Auditoría Superior de la Federación. *Cuenta Pública 2016.*

[52] Hernández Borbolla, Manuel, «INAI oculta información sobre millonaria planta chatarra que compró Pemex con Loyoza», *Huffington Post*, 23 de noviembre de 2017. En: http://www.huffingtonpost.com.mx/2017/11/23/inai-oculta-informacion-sobre-millonaria-planta-chatarra-que-compro-pemex-con-lozoya_a_23286601/.

Petrobras.[53] Todo ello lo consiguió gracias a un área fundamental dentro de su empresa: el Departamento de Operaciones Estructuradas, que en realidad gestionaba los sobornos a los funcionarios de gobierno que lo beneficiaban con contratos millonarios de obra pública en cada país.

El 22 de diciembre de 2016, el Departamento de Justicia de Estados Unidos reveló que entre 2001 y 2016, Odebrecht «conspiró y acordó» entregar 788 millones de dólares en sobornos a funcionarios oficiales extranjeros, partidos y candidatos políticos para asegurar una «indebida ventaja» y obtener la adjudicación de más de 100 proyectos en 12 países de 2 continentes.[54]

México estaba incluido en dicha lista y Emilio Lozoya era el funcionario señalado de, presuntamente, recibir sobornos en 2012, durante la campaña presidencial de Enrique Peña Nieto, según revelaron las investigaciones de los periodistas Raúl Olmos, Alejandra Xanic e Ignacio Rodríguez Reyna, publicadas entre junio y diciembre de 2016. Según los estados de cuenta de Odebrecht, se realizaron siete depósitos por 3 millones 140 mil dólares a la empresa ligada a Emilio Lozoya Austin, Latin American Asia Capital Holding, establecida en las Islas Vírgenes,[55] mientras éste era el encargado de Vínculos internacionales en la campaña del presidente Peña Nieto.

---

[53] Oliveira, Regiane, «Marcelo Odebrecht sale de la cárcel tras permanecer sólo dos años y medio», *El País*, 19 de diciembre de 2017. En: https://elpais.com/internacional/2017/12/18/actualidad/1513607230_658500.html.

[54] Matute Urdaneta, Gabriela, «Escándalo Odebrecht: EEUU dice que 12 países recibieron sobornos», *CNN Español*, 22 de diciembre de 2016. En: https://cnnespanol.cnn.com/2016/12/22/escandalo-odebrecht-ee-uu-dice-que-12-paises-recibieron-sobornos/.

[55] Olmos, Raúl, «En el marco de la campaña presidencial de 2012, así fueron los depósitos a las presuntas cuentas del priista Emilio Lozoya», *Mexicanos contra la Corrupción e Impunidad*, 14 de agosto de 2017. En: https://contralacorrupcion.mx/odebrecht-lozoya/.

En Brasil, el caso Odebrecht fue investigado en el proceso penal 6655 a partir de 2017, debido a que funcionarios de ese país, presuntamente, recibieron el mayor monto en sobornos (349 millones de dólares). Como parte del proceso que enfrentan algunos directivos de la empresa, México ha aparecido en las declaraciones juramentadas. En los interrogatorios, los directivos Luis Alberto de Meneses, Luiz Mameri e Hilberto da Silva declararon ante un juez haber entregado 10 millones de dólares en sobornos a Emilio Lozoya, a cambio de obtener apoyo para ganar contratos.[56] Sin embargo, el exdirector de Pemex aseguró que nunca se corrompió, «Mi conciencia está tranquila. No existe prueba alguna, evidencia o elemento que sustente los dichos que pretenden involucrarme en esta situación», dijo durante una conferencia de prensa que se llevó a cabo el 17 de agosto de 2016.[57]

Por este caso, la PGR abrió la carpeta de investigación FED/SEIDF/CGI-CDMX/0000117/2017, pero hasta diciembre de 2017 no había llegado a alguna conclusión. Mientras que, por otra parte, la investigación de la Fiscalía Especializada para la Atención de Delitos Electorales (Fepade) por el presunto financiamiento de Odebrecht a la campaña presidencial de Peña Nieto, quedó congelada tras el cese del titular, Santiago Nieto Castillo.

El fiscal Nieto Castillo había declarado al diario *Reforma* que Lozoya le envió una carta para pedirle que hiciera «un pronunciamiento público sobre su inocencia». Un día después, la PGR lo destituyó del cargo con el argumento de que esta declaración había

---

[56] 5° Elemento, *El expediente secreto de Odebrecht*, Quinto Elemento Lab, 8 de septiembre de 2017. En: https://www.quintoelab.org/expediente/.

[57] Redacción, «En carpeta de investigación de PGR no hay una sola prueba de que recibí sobornos, dice Lozoya», *Animal Político*, 17 de agosto de 2017. En: http://www.animalpolitico.com/2017/08/lozoya-pgr-declarar-sobornos-odebrecht/.

violado el código de conducta de la institución al revelar datos de una investigación.

* * *

La empresa Odebrecht consiguió en México dos contratos de forma directa con Pemex para obras en la refinería de Tula, Hidalgo, por más de 4 mil 254 millones de pesos, entre 2014 y 2015, cuando Emilio Lozoya dirigía Petróleos Mexicanos. A este respecto, la Función Pública comprobó que hubo un pago indebido de 119 millones de pesos a la Constructora Norberto Odebrecht, S. A., filial de Odebrecht, por sobrecostos en dichos contratos, por lo que la compañía quedó inhabilitada por cuatro años para hacer contratos con el Gobierno Federal.[58]

Sin embargo, hasta 2017 aún estaba pendiente la revisión de nueve contratos de obra que Odebrecht consiguió en México durante el sexenio de Enrique Peña Nieto, como los de las refinerías de Minatitlán, Salamanca y el del proyecto Etileno XXI.[59]

A diferencia de México, otros países han investigado la red de corrupción que Odebrecht tejió. En Perú, por ejemplo, las pesquisas están tan avanzadas que el presidente Pedro Pablo Kuczynski podría ser el primer mandatario destituido por este escándalo, mientras que el expresidente Ollanta Humala ya fue encarcelado. En Ecuador, el vicepresidente, Jorge Glas fue condenado a seis años de cárcel por su participación en el caso. Mientras que el dueño de

[58] SFP, «Impone SFP inhabilitación a una filial de Odebrecht», Secretaría de la Función Pública, 11 de diciembre de 2017. En: https://www.gob.mx/sfp/articulos/impone-sfp-inhabilitacion-a-una-filial-de-odebrecht-139644?idiom=es.

[59] Olmos, Raúl y MCCI, «Detectan corrupción de Odebrecht en refinería de Tula», *Animal Político*, 15 de junio de 2017. En: http://www.animalpolitico.com/2017/06/detectan-corrupcion-odebrecht-tula/.

la constructora, Marcelo Odebrecht, enfrentó a la justicia brasileña y fue encarcelado durante dos años y medio, aunque logró el beneficio de prisión domiciliaria a cambio de información que involucra al presidente de Brasil, Michel Temer, y a sus antecesores Dilma Rousseff, Luiz Inácio «Lula» da Silva y Fernando Collor de Mello.[60]

Pemex desvió 3 mil 576 millones de pesos en La Estafa Maestra. Los supuestos contratos eran para cumplir servicios en el área de producción y exploración, a cargo de Javier Hinojosa Puebla. Entre 2011 y 2013, la petrolera hizo convenios con seis universidades del sureste, que a su vez contrataron a 96 empresas para supuestas asesorías, inspección en pozos petroleros o dar cursos de capacitación, pero no hay prueba de que se hayan cumplido.

Sobre el desvío fue consultado Hinojosa Puebla, pero declinó emitir algún posicionamiento. Lozoya sí respondió, pero se deslindó de las irregularidades. Reconoció la existencia de los convenios con universidades, pero «la argumentación era que querían fortalecer sus capacidades y poder aplicar sus conocimientos a favor de la empresa». Además, dichos acuerdos «se asignaron a nivel de las regiones, y no desde el corporativo; de tal forma que nunca conocí ni los detalles ni participé en los procesos de adjudicación».

Incluso aseguró que durante su gestión se creó un área centralizada de compras, a nivel Dirección, «justo para evitar duplicidades y consolidar compras que se hacían a nivel regional. Los ahorros fueron enormes y continúan generándose sinergias y eficiencias gracias a esta nueva área».

Sin embargo, el dinero público de Pemex terminó en empresas fantasma.

---

[60] Oliveira, Regiane, «Marcelo Odebrecht sale de la cárcel tras permanecer sólo dos años y medio», *El País*, 19 de diciembre de 2017. En: https://elpais.com/internacional/2017/12/18/actualidad/1513607230_658500.html.

III

SEDESOL, ¿DÓNDE QUEDÓ EL DINERO PARA LOS POBRES?

MIRIAM CASTILLO

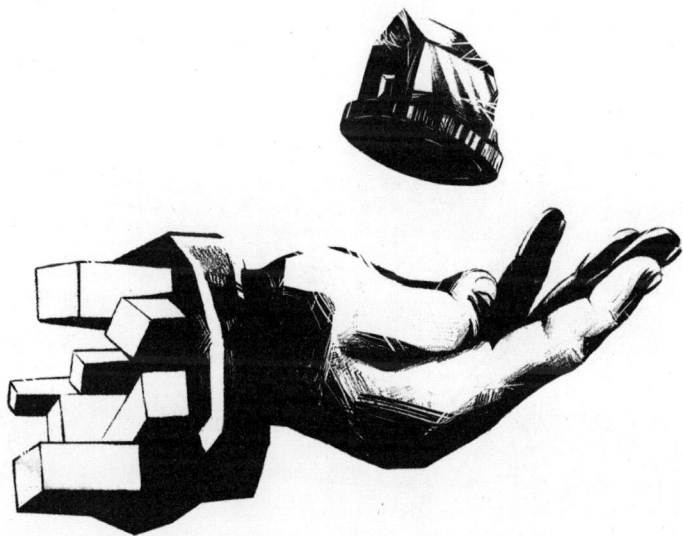

Cruzada: 1. *f.* Expedición militar contra los infieles, especialmente para recuperar los Santos Lugares, que publicaba el Papa concediendo indulgencias a quienes en ella participaran [...] **6.** *f.* campaña (|| actos para conseguir un fin).[1]

Según la Real Academia de la Lengua, la palabra «cruzada» puede ser utilizada con dos significados parecidos, pero que de fondo son distintos. Tal vez no sea casualidad que este término se haya escogido para nombrar el programa de gobierno que pretendía acabar con la pobreza y «recuperar» 400 municipios del país, pero cuyo dinero desapareció en la plomería de un intrincado sistema de secretarías, universidades y empresas fantasma.

Completa la ironía del uso del término que hasta ahora no se haya encontrado algún tipo de falta cometida por parte de alguno de los funcionarios o se proceda en contra de alguno de los empresarios. Como en la época de la Guerra Santa, pareciera que las *indulgencias* modernas libran del peso de la ley a quienes deciden unirse a la campaña.

---

[1] RAE, *Diccionario de la lengua española*, Real Academia Española, 2017. En: http://dle.rae.es/?w=diccionario.

Frente a un auditorio lleno de oficinistas encorbatados y de algunos simpatizantes del PRI que apenas se habían quitado los chalecos rojos y blancos de campaña, Enrique Peña Nieto, recién estrenado como presidente de la República, con corbata gris y la banda presidencial que únicamente sale a relucir en los actos más solemnes, leyó su discurso y anunció una veintena de acciones para el país.

La cuarta de ellas fue la «Cruzada contra el Hambre».

Era el 2 de diciembre de 2012, el segundo día de gobierno. Enrique Peña había asumido la Presidencia de la República y el priismo recién volvía después de 12 años de estar fuera de las decisiones presidenciales, por lo que se tomaron algunas banderas para su regreso. Dos de ellas fueron la pobreza y el hambre como los principales objetivos a erradicar. Los territorios a recuperar estaban ocupados por 7.4 millones de personas en 400 municipios dispersos por todo el país.

La idea promovida por el gobierno era abatir el hambre en esos municipios, elegidos con criterios mezclados con mediciones de pobreza, dispersión geográfica y la intervención del Consejo Nacional de Evaluación de la Política de Desarrollo Social (Coneval) en esta selección. En una segunda etapa, la meta era expandir la estrategia a 700 municipios más.

En los promocionales que lanzó el gobierno, y en los videos que vinieron después, la imagen icónica era un niño en edad escolar que estaba sentado en medio de la nada, con un plato semivacío frente a él. Pues a este tipo población, la más vulnerable y con menos apoyos gubernamentales, iban enfocados los esfuerzos que deberían de coordinarse transversalmente y con la participación de varias dependencias federales. En los videos mostraban las comunidades alejadas, casi todas indígenas, y se prometía una coordinación, sin precedentes, de las dependencias federales. Sería una cadena que llevaría de una acción a otra conectando infraestructura, empleo y desarrollo económico. La teoría sonaba bien.

El 23 enero de 2013 se anunció que la Secretaría de Desarrollo Social (Sedesol) recién comandada por Rosario Robles, tenía 60 días para diseñar un plan que pudiera reducir la incidencia de personas en condiciones de pobreza extrema y carencia alimentaria.

Sin embargo, el programa social que pretendía ser la estrella del sexenio para abatir la pobreza sirvió como pretexto para desviar —de 2013 a 2015, al menos— 2 mil 224 millones de pesos. El funcionamiento del sistema era perfecto, seis meses después del anuncio de la nueva estrategia social, se desviaron 41 millones de pesos. Éste era sólo el comienzo.

* * *

Es el 19 de abril de 2013 en Zinacantán, Chiapas, una comunidad ubicada a 10 kilómetros de San Cristóbal de las Casas, al centro del estado con mayor marginación en México. En este poblado arrancaron las acciones de la Cruzada Nacional Contra el Hambre. El paisaje es boscoso, lo cubre una delgada capa de neblina que hace ver a la mañana como si tuviese modorra. Como en la mayoría de las comunidades del estado, hay un índice de marginación muy alto, el rango más crítico según los parámetros del Consejo Nacional de Población (Conapo); la estampa principal son casas de adobe y de concreto en crudo, en una calle sin pavimentar.

La mayoría de las viviendas tienen dos o tres cuartos, uno de ellos es la cocina, la cual cuenta con estufa de leña y, a un costado, otro cuarto más hace las veces de dormitorio donde casi siempre se las arreglan para dormir en el piso unas cinco personas.[2] Es una

----

[2] Véase Porcentaje de personas que viven con algún grado de hacinamiento. Cifras de características de vivienda en INAFED, *Sistema Nacional de Información Municipal*, Segob. En: http://www.snim.rami.gob.mx/.

comunidad donde 42% de su población es analfabeta[3] y 91% gana menos de dos salarios mínimos.

Al final de lo que parece ser la calle principal de Zinacantán destacaba un grupo de personas. A lo lejos, los hombres se veían como puntos blancos por el color de las camisas impecables que vestían, las que junto con la algarabía que los acompaña desentonaban con las calles polvorientas y los niños desaliñados y sin pantalones que asomaban tímidamente por detrás de las telas que hacen de puertas en las casas. Era la comitiva del Gobierno Federal que había acudido a la comunidad chiapaneca para dar el banderazo oficial a las acciones de la Cruzada Nacional Contra el Hambre. Las camisas blancas e impecables eran del presidente Enrique Peña, la comitiva del Estado Mayor presidencial, media docena de funcionarios federales y su invitado especial: el expresidente de Brasil.

Un indígena tzotzil enumeraba a Luiz Inácio Lula da Silva lo que come diario: tortilla, arroz, jitomate que se come en salsa y queso. Un intérprete chapurreaba en portugués lo que entendía de la traducción del tzotzil al español. Lula da Silva asentía con la cabeza. Había preguntado cuál era la dieta de uno de los habitantes de Zinacantán, en Chiapas, e hizo un gesto de sorpresa cuando la lista terminó después del cuarto alimento.

—¿Nada más? —preguntó rascándose la cabeza.

—Pues, a veces, caldo de gallina. Sólo a veces —contestó uno de los indígenas tzotziles, que estaba en edad productiva, pero sin empleo, de los varios que estaban frente al presidente brasileño.

El traductor no explicó que la comunidad indígena reserva las pocas gallinas y puercos que caminan entre los corrales para eventos especiales como bodas y bautizos. Una familia común tiene eventos

---

[3] Véase Cifras de población en INAFED, *Sistema Nacional de Información Municipal*, Segob. En: http://www.snim.rami.gob.mx/.

como ésos más o menos cinco veces en sus vidas. Pensativo, el carioca preguntó por la yuca o el camote, si conformaban parte de la dieta, a lo que recibió una negativa.

—¿Carne? ¿Vegetales? —siguió Da Silva con el cuestionario y la respuesta fue la misma: una negativa con la cabeza.

La explicación de la carencia era fácil. Es imposible comer cualquier cosa que no se dé en las parcelas enclenques que hay detrás de las casas de la comunidad. El escaso ingreso de 91% de la población, por debajo de los dos salarios mínimos,[4] dificulta el acceso a casi cualquier proteína. También preguntó por los niños, cuántas veces tomaban leche —que en general no la consumen, pues hay poca en los ranchos aledaños y enferma a los pequeños que no están acostumbrados—, igualmente, indagó por el precio de las casas, el número de personas que vivían en ellas.

La conversación con los visitantes transcurrió complicada, a veces a señas con los pobladores pues 52% de ellos sólo habla tzotzil. Esto y su bajo nivel de escolaridad (menos de la mitad de la población termina la primaria) los hace vulnerables en sus principales actividades económicas que son el comercio y el turismo. Asimismo, las mujeres tienen menos posibilidades de desarrollo que los hombres porque acceden a menos años de educación y pocas veces tienen un rol que les genere recursos económicos, lo que hace que las familias prácticamente estén sostenidas por un solo ingreso que está lejos de ser abundante.

Más adelante, parados en la calle principal de la colonia que rodea la iglesia de San Lorenzo, casi la única construcción que resalta en el pueblo, estaba una familia de tzotziles. El padre, de unos 24 años, presumía a sus tres hijos: todos niños menores de tres años que jugueteaban entre las piernas de su madre, y afirmaba al

---

[4] Véase Cifras de economía en INAFED, *Sistema Nacional de Información Municipal*, Segob . En: http://www.snim.rami.gob.mx/.

brasileño que aún podía tener más. «Porque tierra tengo mucha», a lo que Lula da Silva contestó: «Pero esa no se come».[5]

Familias como ésta, en comunidades con carencias similares (de vivienda, acceso a la alimentación e infraestructura) fueron incluidas en la estrategia de la Cruzada Nacional Contra el Hambre, según los criterios detallados por el gobierno de la República, los cuales especifican que el objetivo era la población en pobreza extrema y con carencia de alimentación.[6]

El rezago se extiende casi por completo en el estado, a sitios cuyas cifras de desarrollo no son distintas a las de esta comunidad. Chiapas concentra a gran parte de los pobres de México.

De modo que el programa de la Cruzada estaba destinado a abatir el hambre. La estrategia contó con grandes campañas de difusión y con la presencia de diversos personajes internacionales como los exmandatarios de Guatemala, Chile y Brasil, al igual que nacionales, como gobernadores de los estados, secretarios de gobierno y cantantes de *rock*. De suerte que se hicieron conciertos para promoverla y videos promocionales para invitar a la población civil a que se enlistara como voluntaria. Según lo mostrado por el mismo programa de la Cruzada Contra el Hambre, la respuesta de la comunidad llegó sola y los futuros ayudantes tocaban la puerta de los coordinadores de los programas.[7]

En el arranque, el gobierno aseguró que la Cruzada promovería la participación ciudadana, eliminaría la desnutrición infantil aguda, minimizaría las pérdidas post-cosecha y se incrementaría la producción de alimentos para hacer un ciclo productivo que mejorara

---

[5] *Milenio*, 20 abril de 2013.

[6] Reglas de operación de Cruzada Nacional Contra el Hambre, *Diario Oficial de la Federación*.

[7] Véase video en Sin Hambre, *Testimonio de Julia Ballinas Rizo, Brigadista de la Cruzada Nacional contra el Hambre*, Sin Hambre, 15 de mayo de 2013 . En: https://www.youtube.com/watch?v=PFGkPFNmmjl.

el trabajo y los ingresos de la población vulnerable. Al inicio se concentraron muchas acciones que pretendían ayudar, pero conforme avanzó la administración del gobierno se fueron dispersando, la atención disminuyó y los apoyos externos se disolvieron.

Cuatro años después, las estimaciones del Coneval arrojaron que con dicha estrategia no se obtuvieron resultados contundentes, si bien admite que hay algunos avances, no señala ninguno como significativo e, incluso, enlistan varios pendientes, tales como el de obtener efectos en el indicador de carencia por acceso a la alimentación.[8]

A lo largo del sexenio de Enrique Peña el titular de la Sedesol fue cambiado dos veces y, con ello, también los enfoques para tratar el problema. Bajo la gestión de José Antonio Meade se diseñó y, posteriormente, con Luis Miranda Nava en 2017, se emitió y aprobó una Estrategia Nacional de Inclusión, con la que algunos expertos consideran que se sustituyó la Cruzada Contra el Hambre, mientras que el gobierno solamente asegura que se debe «dar continuidad a los objetivos».

Lo cierto es que el Coneval observa resultados difusos y poco avance en el abatimiento del hambre.[9] Y, mientras tanto, las familias en las comunidades de alta marginación aún batallan con obtener comida todos los días, una vez que los recursos destinados a mejorar su calidad de vida y al cumplimiento de las metas de desarrollo se perdieron en las tripas de sistemas de empresas de los que es difícil dar cuenta.

---

[8] Véase Coneval, Informe de Evaluación de la Política de Desarrollo 2016, Coneval 2017. En: http://www.coneval.org.mx/Evaluacion/IEPSM/Documents/IEPDS_2016.pdf.

[9] Coneval, *Balance de la Cruzada Nacional Contra el Hambre 2013-2016*, Coneval, México, pp. 72. Recuperado el 5 de diciembre de 2017. En: http://www.coneval.org.mx/Evaluacion/ECNCH/Documents/Balance_Cruzada_2013_2016.pdf.

Familias con hambre, empresas voraces

Bastaron seis meses después del arranque para que la primera partida para la Cruzada contra el Hambre se fuera a una serie de empresas fantasma que la engulló en dos transferencias bancarias.

El 15 de abril de 2013, la Sedesol firmó anexos de un convenio por un total de 159 millones de pesos, con el que comprometió a la Universidad Autónoma del Estado de México (UAEM) a realizar un concierto que tenía una doble intención: promover la Cruzada y recolectar víveres para las comunidades marginadas. El 30 de abril siguiente se realizó el concierto y dos meses después la UAEM realizó una transferencia para pagar por completo los servicios prestados por la empresa S&G Constructores de Sistemas. Ésta última no esperó más de 72 horas para hacer una transferencia bancaria a otra empresa más. Y, así, el dinero para promover el programa social terminó, el 4 de julio de 2013, en la cuenta de una concentradora llamada ESGER Servicios y Construcciones que no dio servicios, ni facturas, ni productos.[10] Apenas en 2017, esta empresa fue notificada como «presunta fantasma» por el SAT. Además, tampoco hay referencia de la citada empresa en la Secretaría o en la Universidad, pareciera como si el dinero para los pobres hubiese caído en un hoyo negro.

El caso no fue aislado. Tan sólo en 2013 y 2014, la Sedesol firmó en total 10 convenios con las Universidades del Estado de México

---

[10] Auditoría Superior de la Federación, *Auditoría 269, Cuenta Pública 2013*, "Contratos y/o Convenios de Colaboración Suscritos con Dependencias y Entidades de la Administración Pública Federal, Estatal y Municipal para el Desarrollo del Programa de Atención de Jornaleros Agrícolas y los Contratos de Servicios Administrados de Infraestructura de Misión Crítica, Servicio de Recolección de Información Socioeconómica y Complementaria y Sistema Nacional para la Cruzada Contra el Hambre, al Amparo del Artículo 1, Párrafo Quinto de la Ley de Adquisiciones, Arrendamientos y Servicios del Sector Público", Cámara de Diputados, p. 7. En: http://www.asf.gob.mx:8081/Informe.aspx*.

y de Morelos por un monto de 2 mil 224 millones de pesos que debían destinarse a ampliar la cobertura de programas sociales, mejoras de servicios en las zonas más rezagadas del país o combatir la pobreza. Las universidades, que no dieron ningún servicio y únicamente se prestaron para la triangulación de los contratos, obtuvieron 215 millones 446 mil pesos. Es decir, sólo por servir de intermediarios, las universidades encarecieron 10% el total de los servicios contratados.

Los 2 mil millones de pesos restantes fueron entregados por Sedesol, en conjunto con las universidades, a 20 empresas que tienen distintas irregularidades que las inhabilitan para recibir contratos públicos, según lo marca la ley vigente. Es decir que no tienen registro formal como empresa ante la Secretaría de Economía, el primer requisito indispensable para constituirse y operar de manera legal. Tampoco contaban con experiencia previa, no se tenía constancia de que estuviesen al corriente en sus obligaciones fiscales e, incluso, cuando el personal de la Auditoría o del SAT fue a buscarlas a sus domicilios, encontraron que eran casas habitación, tiendas que no tenían que ver con lo reportado por las empresas o, de plano, terrenos o edificios vacíos.

Además de S&G Constructores de Sistemas, 15 empresas más recibieron recursos de Sedesol: Servicios Administrativos Zulma, Inteligencia y Tecnología Informática, Symmetrix Architecture, Grupo Comercializador Cónclave, Advanced Computer Knowledge, Prodasa, Dumago Systems, Meve Soluciones, Evyena Servicios, Asesorías Nacionales Expanders, Consolidación de Servicios y Sistemas, Grupo Industrial de Servicios Yafed, Comercializadora Integral de Productos Villarregia, Fralo Soluciones Tecnológicas y Factibilidad Empresarial de México.

Las empresas mencionadas están entre las que tienen irregularidades: tres fueron catalogadas como fantasma por el SAT en 2015, cinco están siendo investigadas por esta misma autoridad, cinco más no tienen antecedentes ante la Secretaría de Economía, otra difiere su objeto social del objeto de contrato, una no fue localizada en su domicilio fiscal, y una más fue desmantelada después de cobrar el contrato. Prácticamente ninguna tiene oficinas formales. Todas son despachos que a primera vista hacen dudar a casi cualquier cliente que cuide su dinero de que sean capaces de brindar servicios especializados de logística o de abastecimiento de productos. Las empresas no cuentan con bodegas, inventarios o salas con una tropa de personal que resolviese contingencias. Las oficinas más elegantes contaban apenas con tres sillas y un escritorio esquinado.

El dinero para los pobres recorrió, así, varias de las secretarías, universidades y empresas, y en cada una de ellas iba dejando rastro. Comisiones, pagos o facturas daban una pista y en cada parada se iba reduciendo lo que quedaba para cumplir efectivamente con las metas de ayudar a la población necesitada. El dinero del erario no siempre se quedaba en las empresas contratadas de inicio por la universidad morelense o la del Estado de México, en realidad, en la mayoría de los esquemas éstas sólo cobraban una comisión y después transferían el dinero a las empresas, sin papeleo de por medio.

Por su parte, el rector de la Universidad Autónoma del Estado de Morelos, Alejandro Vera, justificaba que, aunque era poco, el dinero que retenía la universidad era suficiente para pagar ciertas cuentas que quedaban pendientes y no podía obtener recursos de otro modo. En septiembre de 2017, instalado aún en su oficina de rectoría en Cuernavaca, Morelos, Vera no explicó cómo fue que se pudieron cumplir servicios con empresas que no tenían ni trabajadores, ni oficinas, ni papelería o alguna alternativa similar. En ningún momento la ausencia de infraestructura prendió los focos rojos en la Universidad. Al parecer, sonaba completamente lógico que una empresa que había sido señalada como casi inexistente tuviera la capacidad de dar un servicio con prácticamente nada de infraestructura.

Si pudiera dibujarse esta trama de corrupción en la pared, los esquemas serían similares a tuberías que tienen varios puntos en común, algunas llaves que terminan cerradas y otras tomas que están relacionadas entre sí. Habría varios kilómetros de tubería, aunque la mayor parte de la historia podría resumirse en unos cuantos metros cuadrados. Y ello, por extraña que suene la figura, es porque despachos diminutos son responsables del manejo de contratos por varias decenas de millones de pesos.

20 metros para 276 millones

Los primeros despachos a los que hacemos referencia están en Monterrey, la capital del estado de Nuevo León, el cual dista mucho de ser la cara más franca de la pobreza extrema.

Si bien el estado tiene una población de 17% que gana menos de dos salarios mínimos, en general, tiene índices de marginación muy bajos.[11] La realidad es que el estado ocupa el lugar 31 de marginación a nivel nacional,[12] pero fue incluido por sus municipios urbanos para atender las carencias de la población en las ciudades, lo que dejó fuera algunas comunidades rurales donde casi la mitad de la población padece hambre.[13]

Por ello, la relación con la Cruzada Nacional Contra el Hambre está, más bien, en un despacho repleto de cajas, en el municipio de San Pedro Garza, vecino de la capital.

—Sí, aquí es —respondió un hombre de unos 35 años, de cara redonda, vestido con una playera tipo polo, cuando se le preguntó por la empresa Evyena.

---

[11] Clasificación según Conapo. En: http://www.snim.rami.gob.mx/.

[12] Ídem.

[13] Hernández, Erika, *Reforma*, 10 de febrero de 2013.

Intenta contener un bostezo, pero fracasa y se interrumpe en la frase.

—Si es del SAT, yo puedo recibirle los papeles —terminó.

Era la octava empresa que el chico confirmaba en esa misma dirección: 1501 de la calle José Vasconcelos, en San Pedro Garza. La dirección es la de un centro comercial, donde lo mismo había una estética para cortar el cabello que un local para plotear planos y un consultorio dental. La actividad en la avenida es cotidiana, no hay un frenesí de ejecutivos o movimientos constantes de mercancía, contendores, etcétera. No se está, tampoco, en una zona industrial. Es más bien algo similar a una plaza pequeña en una colonia de clase media alta. Incluso con una rutina un poco monótona. Los empleados tienen un horario fijo que pocas veces cambia a lo largo de la semana.

La construcción donde están las empresas millonarias pareciera estar dividida en cuatro islas, se instaló una agencia de viajes en el primer piso. A un costado están unas escaleras y se llega a la parte superior, que es menos concurrida. Una puerta de aluminio tendida en el piso, vencida por la gravedad, da paso franco a un pasillo amplio. No hay lámparas al fondo del pasillo, está iluminado con luz natural, lo que le da un aire de descuido a esa zona del edificio.

La primera oficina es el despacho de las siguientes empresas: Evyena, Comercializadora Integral de Servicios Villarregia, Femexport, Grupo Industrial y Servicios Yafed, Icalma Servicios y Consultoría, Constructora Yapo, Comercializadora Rivercruz y Constructora Bofil. El directorio, si lo hubiera, se parecería más al de esos edificios corporativos del centro de Monterrey, esas oficinas con media docena de repecionistas y puertas de cristal. Pero no es el caso. Aquí todo cabe en menos de 16 metros cuadrados.

Sin disimular que está sentado frente a un escritorio que violó alguna ley física para entrar en la oficina, el joven de unos 30 años se presentó como el encargado. En horario de oficina la puerta permanece cerrada y sólo se pueden ver cajas con registros contables que se identifican con letreros de papel. Se le pidió hablar con el responsable de las empresas para conocer detalles de los contratos y especificaciones de los trabajos. El chico se encogió de hombros y dijo que esa información no la tenía e iba a llamar a quienes estaban a cargo de ello.

Entonces el encargado tuvo que comunicarse con los contadores, un par de personas a las que no identificó por nombre, a través de un teléfono celular sin conexión a internet. Después de un par de llamadas para preguntar qué podía contestar, confirmó que todas las empresas se encontraban en esa dirección. Aseguró que no había más empleados y los dueños únicamente se comunicaban por teléfono. Lo dijo con el mismo tono con el que se indica dónde pueden encontrar las clases de zumba, que están al fondo en la planta baja.

Las empresas Evyena, Comercializadora Integral de Servicios Villarregia, Femexport y Grupo Industrial y Servicios Yafed obtuvieron recursos de Sedesol, vía la Universidad Autónoma de Morelos, y no sólo comparten oficina; participaron en licitaciones con la universidad antes mencionada durante 2013 y 2014 para recibir 435 millones de pesos en tres contratos.

Además, quienes dirigen y fundan las empresas se repiten; Evyena, Icalma, Comercializadora Integral de Servicios Villarregia, Grupo Industrial y Servicios Yafed, y Consolidación de Servicios y Sistemas Administrativos, tienen a las mismas personas en diferentes puestos. Raúl Jesús López Moreno, José Alberto López Moreno, Cristian Hernández Cruz, Gilberto Anguiano Vega y Gerardo Eligio Mendoza están presentes en al menos uno de los cargos en cada una de las empresas; como accionistas, administradores o representantes legales. Es decir, el cubículo almacena más de 400 millones de pesos en contratos, al menos en papel. Y las empresas transfirieron 83% de esos recursos a ESGER.

Todos los convenios que firmó Sedesol con las citadas universidades de Morelos y del Estado de México derivaron en distintas operaciones para desviar los recursos. Para un servicio de evaluación de actividades, en 2014 la Autónoma de Morelos lanzó una licitación para contratar proveedor.

Éste es un proceso legal en el que las compañías, supuestamente, compiten para dar un servicio con las mejores condiciones al mejor precio. El problema en estas competencias, en específico, es que sólo concursaron dos empresas: Grupo Industrial Yafed y Consolidación de Servicios y Sistemas Administrativos. De las cuales, la primera es una empresa fantasma y la segunda, que resultó ganadora, es investigada por el SAT desde octubre de 2016 por hacer operaciones ilegales.

Además, coinciden en que los accionistas y representantes legales: Raúl Jesús López Moreno y Jesús Gerardo Eligio Mendoza, aparecen en ambas compañías, según las actas existentes en el registro público de la propiedad. Es decir, ninguna de las dos es legal y no debieron competir porque no estaban capacitadas para cumplir con los servicios que requería la universidad y, por lo tanto, la Sedesol. Aparte de esto, no importaría cuál ganara, pues el dinero quedaría en las manos del mismo grupo de personas.

Para muestra: el 9 de octubre de 2014, la Universidad Autónoma del Estado de Morelos entregó 158 millones de pesos a Consolidación de Servicios. Un día después, ésta transfirió 87% del dinero a otra empresa, Comercializadora Integral de Productos Villarregia, que también es investigada por el SAT desde septiembre de 2016. Ésta última compañía, a su vez, le entregó 138 millones de pesos a ESGER Servicios y Construcciones S. A. de C. V., sin siquiera firmar un contrato.

La Cruzada contra el Hambre no había cumplido ni siquiera un año de estar funcionando y no ha quedado claro dónde se gastó el dinero, porque ESGER no se dedica a diseñar estrategias para programas sociales, ni a repartir despensas, levantar censos ni a capacitar a las madres de familia para que alimenten a sus hijos, como lo requerían todos los servicios para los que se firmaron los convenios.

Casi como una costumbre, el reporte de la ASF señala que no hay evidencia de que ESGER haya prestado servicio alguno. Y en la universidad tampoco hay rastro de su trabajo.

Los vecinos del despacho no tienen mejor reputación: Constructora Yapo, Comercializadora Rivercruz y Constructora Bofil son proveedoras de los gobiernos de Sonora y Tabasco, y tienen investigaciones de las auditorías estatales por incumplimiento. Esas ocho empresas, además, tienen otra oficina a sólo unas cuadras de la que ocupa Evyena. Es un despacho pequeño, de dos pisos, en la calle de Manuel Doblado, también en San Pedro Garza.

Una mujer menuda y con unas gafas que ocupan la mitad de su cara es la presentación de las oficinas. Después de algunas preguntas confirma que todas esas empresas estaban registradas en uno de los pisos del edificio, pero de un día para otro tomaron sus cosas y se fueron. Para contar la historia se sienta de lado y sube uno de sus pies al asiento, en un ademán de ponerse más cómoda, y explica que han estado tratando de buscar a los responsables de las compañías porque quedaron a deber la renta del local. Un buen día sólo quedaron algunas cajas sobre la alfombra, nada más.

Casi para el final de la plática, extiende una tarjeta con sus números y pide que si se sabe algo de los contadores o de quienes estaban al frente de las compañías, quizás alguien pueda ponerse en contacto. Al parecer, aunque los dueños dan por perdidos ese par de meses de adeudo, no quieren descartar posibilidades. En realidad no tienen pocos argumentos para perder la esperanza. No hay muchos datos que permitan encontrar a alguien en concreto. Sólo algunas coincidencias que van mostrando cómo el dinero fue llevado de un lugar a otro.

Por ejemplo, las empresas regiomontanas están casi todas ligadas a la que aparentemente funciona como concentradora: ESGER Servicios y Construcciones S. A. de C. V., la cual es la segunda parada del recorrido de metros cuadrados millonarios.

ESGER: el fantasma de la Nápoles

La compañía ESGER obtuvo 683 millones de pesos de transferencias hechas por las empresas contratadas por las universidades. Es como si todo el dinero que destina el Gobierno Federal a los apoyos en asistencia social para los estados[14] se guardara en una sola oficina de menos de tres metros cuadrados de recibidor.

La colonia Nápoles está ubicada en la Ciudad de México, en la delegación Benito Juárez, que si bien es céntrica no es considerada el centro financiero de la capital del país.

Lejos de los corredores remozados de Santa Fe o del trajín financiero de la esquina de Reforma y Circuito Interior, ESGER instaló sus oficinas en un edificio oscuro y que bien podría pasar como un edificio de departamentos habitado a la mitad. Sin embargo, la construcción de seis pisos es exclusivamente para oficinas, según los permisos de uso de suelo de la delegación. El edificio tiene más de 20 años y en la delegación o en el gobierno central no hay reportes de que se le hayan hecho ampliaciones o modificaciones a lo largo de ese tiempo. La entrada es fácil de franquear porque no hay recepcionista ni señal de que sea la sede de una empresa con contratos millonarios.

Por su parte, ESGER ocupa el edificio hace apenas seis años. Al menos eso dicen los papeles. La empresa fue creada en 2011 para

---

[14] Presupuesto de 2016.

ofrecer servicios de construcción, según el acta constitutiva con folio 438926-1.

Un hombre de unos 40 y tantos años, en camisa y sin corbata, hace las veces de recepcionista en un vestíbulo pequeño y obscuro. Las paredes forradas de madera hacen todavía más clara esa impresión. Asegura que los dueños de la empresa no están presentes, van poco a la oficina y no tienen horario. En las primeras dos visitas la explicación fue amable, para la tercera búsqueda, el recepcionista cambió de actitud y pidió con la voz alzada que se desocuparan las oficinas y nunca más volviera a preguntarse.

Los accionistas son Esteban Cervantes, que tenía 25 años cuando fundó la empresa, y el contador público Gerardo Casas. Se intentó localizar a ambos para realizar una entrevista o conocer su versión de los hechos, pero no fue posible. Durante las visitas que realizó el equipo de investigación al edificio nunca fueron encontrados en las oficinas. Tampoco atendieron las llamadas telefónicas que se hicieron a lo largo de dos semanas consecutivas ni las posteriores llamadas de seguimiento. También se les buscó en sus domicilios particulares. Esteban Cervantes registró como su casa el domicilio de una empresa llamada RAGER, en la colonia Navidad, para la que en realidad fue empleado en 2013. La empresa está al fondo de una calle sin salida, en un pasillo de casas particulares de la delegación Cuajimalpa. Para llegar a la dirección de la oficina hay que pasar al menos un par de cuadras llenas de carros desvencijados.

Aunque quien atendió la puerta asegura que sí reconocía el nombre de Esteban Cervantes, declaró que no han vuelto a saber de él desde el año antes referido.

La colonia en donde habita su socio, Gerardo Casas, no está lejos de ahí; en la misma delegación Cuajimalpa, asentó como domicilio un edificio donde los vecinos dijeron que no lo conocían. La construcción es de tres pisos y el departamento se ubica en el último. Desde la calle se alcanzan a ver las ventanas sin cortinas. De hecho, el departamento reportado como dirección fiscal estaba desocupado desde 2010, a decir de los vecinos.

Después de tres años consecutivos de aparecer en las observaciones de la ASF y de figurar como la principal beneficiada de los contratos de varias empresas con autoridades federales, finalmente el SAT abrió una investigación a ESGER por violaciones al artículo 69-B del Código Fiscal Federal, es decir, por sospechas de que emite comprobantes fiscales sin contar con personal, infraestructura o capacidad material. Eso bastó para que la empresa prácticamente desapareciera por completo. En la misma sede donde se le localizó varias veces antes, aseguraron que esta vez sólo había un despacho contable. No quedó rastro ni de la empresa ni de los más de 680 millones que tenía.

Sin embargo, contrario a lo que podría parecer, ESGER no se queda con todo el dinero. En 2014, después de las muchas transferencias que se realizaron a sus cuentas, ésta efectuó un depósito a la empresa Integradora de Capital Humano S. A. de C. V. por 106 millones 51 mil 115 pesos, la cual está radicada en Torreón y de la que tampoco se tienen comprobaciones de que haya dado algún tipo de servicio. A estas alturas de la historia, Capital Humano está a dos transferencias de distancia de la Universidad Autónoma de Morelos y a cuatro de la Sedesol, lugar de donde salió el dinero originalmente.

Los accionistas de ésta última empresa son Javier Ángel González Colsá y Rocío Pacheco Vázquez. González Colsá es un empresario de la zona de La Laguna, en Coahuila, que tiene al menos 7 empresas de distintos ramos, la mayoría relacionadas con comercialización de productos y construcción. Y también tiene una historia familiar vinculada al manejo irregular de recursos públicos destinados a los pobres, pues su hermano Carlos Alejandro fue inhabilitado por malversación de fondos.

Durante el sexenio del presidente Vicente Fox se lanzó otro programa de ayuda a la gente de escasos recursos llamado Programa Marcha hacia el Sur (PMS), el cual operaba a través de un fideicomiso que concentraba apoyos para empresarios que crearan fuentes de empleo en Campeche, Chiapas, Yucatán y Oaxaca. Este fideicomiso estaba operado por Carlos Alejandro González Colsá y benefició a empresarios como Kamel Nacif y Carlos Mouriño, hermano del exsecretario de gobernación, Juan Camilo Mouriño, por poner un par de ejemplos.[15]

Como resultado de una indagatoria, en 2008, Carlos Alejandro González fue inhabilitado 20 años por la Secretaría de la Función Pública por un quebranto de 211 millones de pesos, 43% de los recursos que manejó el fideicomiso.[16]

Pero la relación de Carlos con Javier Ángel no sólo es familiar, en las acciones de la compañía Sun Works S. A. radicada en Panamá, su padre Javier Ángel González Ruiz aparece como apoderado legal. Al mismo tiempo, participa en otra compañía de ese país llamada Clear Peak Holdings Inc.,[17] propiedad de Carlos Alejandro González Colsá; compañías sudamericanas, todas activas.

En México esta familia cuenta con varias empresas con diferentes giros, las cuales, al parecer, gozan de la preferencia de las universidades y de la Sedesol. En 2015 recibieron 481 millones de pesos a través de convenios con sus empresas Matchser, Factores y Servicios Humanos S. A. de C. V., Srevint, Unificación de Recursos Administrativos y World Heritage Group. Convenios que la auditoría

---

[15] Pérez, Ana Lilia, *Fideicomisos públicos financian negocios de los Mouriño*, Red Voltaire, 11 de junio de 2008. En: http://www.voltairenet.org/article157410.html.

[16] SFP, *Oficio No. CI-SFP.-1688/2008*, SFP, 6 de febrero de 2008 . En: http://www.funcionpublica.gob.mx/resoluciones/2008/CI-SFP.-168-2008.pdf.

[17] Open Corporates, Carlos Alejandro González Colsá, Open Corporates, 19 de junio de 2015. En: https://opencorporates.com/officers/140318129.

volvió a señalar como irregulares y a la prestación de servicios como deficiente, calculando un desvío de unos 334 millones de pesos.

* * *

Pero no todas las empresas relacionadas con ESGER operan en 90 metros cuadrados. Algunas, al parecer, requieren de más espacio de maniobra.

«Comer es un placer, es un gusto. Alimentarse es una necesidad. Por regla universal, toda forma de vida, está destinada a evolucionar. No podemos ir para atrás. Esta noche les pedimos que alcen la voz y que sean parte de la evolución de este país. Vamos a acabar con el hambre, ¿qué les parece?», la voz era de Paco Familiar, vocalista del grupo DLD, quien hizo una pausa durante el concierto en el Auditorio Nacional para dar este mensaje. Pidió a toda la concurrencia decir si estaban de acuerdo con la lucha para abatir el hambre y 9 mil 584 jóvenes[18] respondieron con un grito atronador.

Por momentos, el fondo del escenario mostraba el logotipo de la Cruzada Nacional Contra el Hambre, la imagen de un par de tenedores cruzados que, simultáneamente, dan la ilusión de ser dos manos que se agarran y forman un corazón sobre un fondo morado. Las memorias en video que todavía difunde el mismo canal de la Cruzada en Youtube y otros camarógrafos improvisados con teléfonos celulares hacen un breve resumen de una concurrencia tupida de varias decenas de jóvenes que acudieron a ver también a Ruido Rosa, Ely Guerra y la Gusana Ciega.

Según el comunicado 168/220413 de la Sedesol, ese día se reunieron 25 toneladas de alimentos para las comunidades marginadas. Con las localidades agotadas arrancó ese primer ejercicio de promoción de la Cruzada.

---

[18] Boletín de prensa de Sedesol abril 2013.

Por su parte, la organización Un Kilo de Ayuda se iba a encargar de la distribución y el abasto de todos los víveres que se habían recolectado, según se anunció en varios comerciales y videos de promoción. Meses más tarde, la misma Sedesol refirió una solicitud de información a Diconsa para que fuera esta dependencia la que informara qué había sido de los alimentos y su distribución.

Dónde y cómo se repartieron las 25 toneladas de productos no perecederos recolectados no fue la única duda que quedó en el aire. En la revisión de la cuenta pública 2013, la Auditoría Superior de la Federación también buscó el rastro de 29 millones de pesos pagados en demasía por la presentación de los *rockeros* en el coloso de Reforma. La empresa contratada para la realización del concierto fue S&C Constructores de Sistemas, la cual desde que se creó en 2006 y hasta entonces no había vendido otra cosa que actualizaciones de *software*. A pesar de ello, firmó y facturó dicho contrato por 41 millones de pesos y entregó una comisión a ESGER por 14 millones de pesos.

Además de lo atípico que resulta que una empresa que vende programas y computadoras un buen día monte escenarios y negocie con productores, artistas y cantantes, la Auditoría Superior detectó que el contrato firmado por ese concepto originalmente fue de 12 millones de pesos, se pagaron 41 millones, y públicamente la Sedesol sólo reconoce haber gastado en el concierto 10 millones de pesos.

Es decir, las respuestas variaron dependiendo de quién hizo la pregunta.

Según una solicitud de información[19] que un ciudadano dirigió a la Sedesol en 2013 para conocer cuánto costó el concierto *Compartamos la música, erradiquemos el hambre*, los gastos se desglosaron de la siguiente forma:

---

[19] Solicitud 0002000099913 ante el INAI.

Se gastó más de 1 millón de pesos en la renta del auditorio, para los artistas se destinaron 5 millones de pesos; poco más de 2 millones para pagar equipos de luz, audio y personal que lo opera y 1 millón 400 mil pesos más para «otros gastos de producción». En total se sumaron 10 millones 461 mil 482 pesos, pero la solicitud de información no detalla con quien se firmó el trato, la triangulación hecha con la universidad, ni el monto total del contrato con la empresa. Mucho menos que intervino una empresa más para llevarse dos tercios del sobreprecio que se cobró del contrato sin ninguna explicación de por medio.

En contraste, algunos meses después, durante las revisiones a la cuenta pública de 2013, la Auditoría Superior de la Federación pudo conocer más detalles de los gastos. De inicio logró darse cuenta de que no sólo se gastaron los 10 millones de pesos que reportó la Sedesol en las solicitudes de información. Lo cual de por sí ya es una falta, pues, en teoría, las dependencias no pueden crear documentos *ex profeso* para responder a las peticiones hechas por transparencia. La dependencia mintió en alguna de las respuestas.

Según lo reportado a la Auditoría, Sedesol pagó 41 millones 337 mil 200 pesos, «sólo» 29 millones más que en el contrato inicial. Las facturas fueron divididas casi en partes iguales para todos los conceptos, por lo que gastó lo mismo en diseñar el evento que en planearlo, es decir, 4.5 millones de pesos en cada rubro. También gastó casi 5 millones de pesos en la difusión y otra cantidad igual para la logística. Pagó otros 4.6 millones para la «negociación y gestión con proveedores del evento musical» y otros desgloses similares que alcanzan los 41 millones de pesos.[20]

---

[20] Auditoría Superior de la Federación, *Auditoría 269, Cuenta Pública 2013*, "Contratos y/o Convenios de Colaboración Suscritos con Dependencias y Entidades de la Administración Pública Federal, Estatal y Municipal para el Desarrollo del Programa de Atención de Jornaleros Agrícolas y los Contratos de Servicios Administrados de Infraestructura de Misión Crítica, Servicio de Recolección de

No obstante, S&C Constructores de Sistemas se hizo versátil y fue capaz de organizar un evento en el Monumento a la Revolución, donde coordinaría la participación de organizaciones sociales para «reunirlas, conocer el proyecto y aportar ideas», por un monto de 34 millones 118 mil pesos.

En total, la empresa S&C Constructores de Sistemas recibió 75 millones 455 mil pesos por dos servicios y, en ambos casos, transfirió una parte a ESGER apenas habían transcurrido unos días.

Cuatro años después de que se ejecutara el presupuesto, la Auditoría Superior de la Federación aún no tiene claro cómo se gastaron esos recursos. La universidad de Morelos, a través de Alejandro Vera, quien entonces fungía como rector, aseguró que tenían certeza de que se había cumplido con el servicio. Sin embargo, el rector también admitió que nunca se supervisó el cumplimiento de los trabajos porque no estaba dentro de las facultades de la universidad. Según Vera, como la Secretaría de Desarrollo Social había pedido el trabajo, era ésta la responsable de supervisar que se cumpliera conforme se había firmado en los contratos.

El problema fue que la Sedesol también se deslindó de la responsabilidad de supervisar el cumplimiento. Debido a que delegó la ejecución de los trabajos, también lo hizo con la necesidad de revisarlos.

Al final nadie consideró necesario verificar cómo se gastaron más de 2 mil millones de pesos que tenían como destino ayudar a las personas más vulnerables del país. Ni la universidad ni las secretarías federales contaban con papeles de entrega-recepción o algún otro tipo de documento que al menos fuese útil para respaldar el gasto. Aunque después de las investigaciones, la Sedesol abrió

Información Socioeconómica y Complementaria y Sistema Nacional para la Cruzada Contra el Hambre, al Amparo del Artículo 1, Párrafo Quinto de la Ley de Adquisiciones, Arrendamientos y Servicios del Sector Público", ASF pp. 9. En: http://www.asf.gob.mx:8081/Informe.aspx*.

sus procesos internos y presentó una serie de explicaciones sobre los contratos. O, al menos, eso intentó.

Los expedientes referidos corresponden a las auditorías de la cuenta pública de 2013. Del resto de las observaciones hechas en 2014 no se proporcionó información. Tampoco se tuvo acceso a las argumentaciones legales, pues los expedientes completos del caso, que incluyen copias de los entregables, facturas y otras pruebas, no fueron proporcionados por la dependencia.

En expediente, la Sedesol asegura que los contratos y convenios se firmaron conforme lo establece la ley y que la dependencia pagó a las universidades porque éstas cumplieron a la perfección con todos los contratos que se firmaron. Es decir, que la dependencia federal recibió los servicios por 233 millones de pesos hechos por empresas que no existen más que en papel. También argumentó que sí se hicieron estudios de mercado para poder obtener la mejor oferta calidad-precio, pero se hicieron al comparar a la Universidad del Estado de México y la Universidad de Zacatecas, ambas con observaciones y auditorías forenses.

Eliminar la desnutrición en triciclo

Además del perlario anterior, los nombres de las empresas y de los accionistas involucrados en estas licitaciones y convenios han aparecido en diversas investigaciones periodísticas, y están vinculados a paraísos fiscales y a malversación de fondos o evasión de impuestos.

Un ejemplo de ello es la empresa Grupo Comercializador Cónclave, que recibió 185 millones 679 mil pesos por trabajos relacionados con la Cruzada a través de la Universidad Autónoma de Morelos tiene como socio y apoderado legal a Rodolfo Dávila, identificado como financiero del Cártel de Juárez, según una publicación hecha por *Aristegui Noticias*[21] en marzo de 2016. Además, tiene como uno de sus operadores a Matías Bunge, quien también apareció junto con el jugador Diego Reyes, como propietario de empresas en Malta, un paraíso fiscal conocido por su secrecía en el manejo de los socios y el bajo pago de impuestos. La participación de Bunge ayudó a los futbolistas Jesús «El Tecatito» Corona y a Reyes a pagar menos impuestos en los países europeos donde juegan de manera profesional.

Su relación con los países con regímenes fiscales más favorecedores y la evasión de impuestos en Europa fue documentada, como puede verse, por Mexicanos Contra la Corrupción y la Impunidad en la publicación «La oscura historia del socio de Diego Reyes en Malta».[22]

El problema no se detiene ahí, Cónclave una empresa que fue catalogada como fantasma por el SAT, surtió a la Sedesol gorras, botas de hule, paliacates y tortilleros estampados a través de la Universidad Autónoma del Estado de Morelos. Pues enfundar a los voluntarios y a los beneficiarios de la Cruzada en playeras estampadas con logotipos del programa era parte de la estrategia; sin embargo, esos artículos fueron extremadamente caros. Las gorras costaron 116 pesos cada una, las botas de hule costaron 166 pesos, mientras que los tortilleros alcanzaron los 32 pesos, más del doble en los precios de mayoreo. Además, se compraron cosas que no tienen una explicación clara de cómo cumplen con el objetivo del programa. Por ejemplo, entre la lista de artículos que entregó

---

[21] Redacción, «˙Financiero˙ del Cártel de Juárez es proveedor de Cruzada contra el Hambre», *Aristegui Noticias*, 14 de marzo de 2016. En: https://m.aristeguinoticias.com/1403/mexico/contrata-el-gobierno-federal-a-operador-del-cartel-de-juarez/.

[22] Durán, Valeria. «La oscura historia del socio de Diego Reyes en Malta», *Paradise papers*, 10 de noviembre de 2017. En: https://contralacorrupcion.mx/web/paradisepapers/futbolistas/.

Cónclave hay flores artificiales, velcro color negro y, en específico, se pagaron 1 mil 853 pesos por triciclos para niños en comunidades marginadas, sin que se sepa bien a bien en qué incide esto para el combate al hambre.

Veamos. En temporada navideña, en pleno 2017, estos juguetes oscilaban entre 540 y 830 pesos al menudeo en tiendas departamentales y jugueterías. Por su parte, la empresa del financiero del Cártel del Golfo pagó, al menos, 123% más por triciclos con las mismas características. También se compraron a través de este esquema, 5 mil 700 botiquines para primeros auxilios que costaron 855 pesos cada uno. Es decir, que una familia de cinco personas recibió, en el mejor de los casos, merthiolate, vendas y gasas por un precio similar a sus ingresos de toda la quincena.

A pesar de dichas cartas de presentación, de los antecedentes financieros y penales de los socios y apoderados legales de las empresas mencionadas, sólo se han abierto investigaciones por parte del Servicio de Administración Tributaria en materia fiscal. Hasta ahora las denuncias penales no han reportado cambio en la integración de los expedientes y no se ha determinado si existen funcionarios o particulares responsables.

En las dependencias pocos focos rojos se han encendido a pesar de la contratación de empresas fantasma o visiblemente irregulares para cumplir con contratos que involucran millones de pesos. Las contrataciones se hicieron en más de un ejercicio fiscal y a través de distintas universidades, y a pesar de ello las empresas privadas o sus accionistas y representantes se repetían constantemente. Sin embargo, los procesos internos por parte de Sedesol para verificar las contrataciones en 2013 no resultaron en sanciones, pues determinaron que los trámites cumplieron lo que marca la ley. Por su parte, la Universidad Autónoma del Estado de Morelos, después de las revisiones a los procesos, concluyó que no eran deficientes porque, a decir del rector Alejandro Vera en una entrevista sobre el tema, las empresas entregaron los servicios y las dependencias contratantes firmaron de conformidad.

Por lo que parece, las irregularidades de las empresas y el entramado que tejieron para desviar el dinero estaban listos para operar a la par de la Cruzada. Ya se tenían un modelo y una batería de empresas para los primeros contratos entregados para cumplir los objetivos.

El caso de Cónclave fue sólo uno de muchos que se efectuarían, al menos, ese par de años, mismos en los que se pudo dar seguimiento a los gastos a través de las investigaciones hechas por la ASF. Lo que no pudo encontrarse fue quién estaba detrás de los nombres de las personas comunes y corrientes que representaban a las empresas millonarias, personas que siguieron con sus vidas de siempre a pesar de que parecía que, al menos en materia económica, tenían todo resuelto.

IV

PEMEX, LA ESTAFA A LA GALLINA DE LOS HUEVOS DE ORO

MANU URESTE

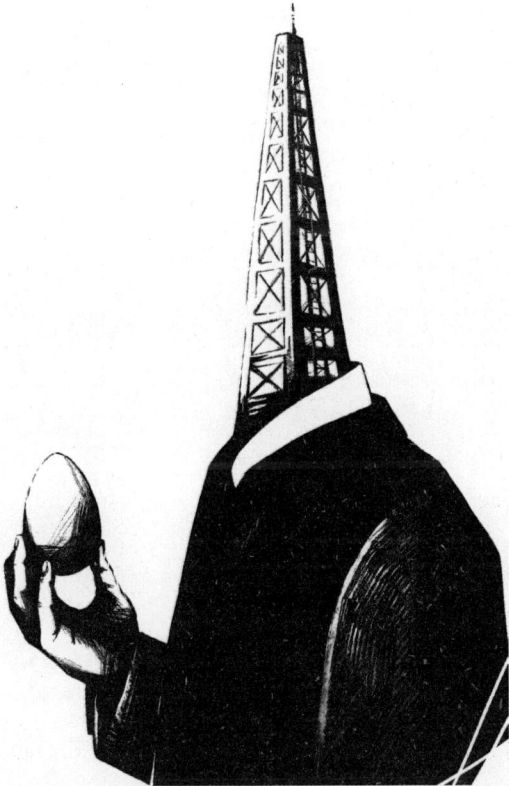

El fraccionamiento es uno de los complejos residenciales más lujosos y más caros de Villahermosa, la capital de Tabasco. Aunque, en realidad, más que como un fraccionamiento, sería más preciso describir el lugar como una «miniciudad» diseñada para ricos. Algo así como una especie de Monopoly de largas avenidas atestadas de mansiones y haciendas que se venden en millones de dólares, en el que petroleros, empresarios y políticos juegan golf sobre extensas alfombras que huelen a césped recién cortado y se relajan nadando en faraónicas albercas o en *jacuzzis* con vista a una laguna privada.

Aquí, en una de las muchas calles cerradas que están custodiadas por guaruras apostados en camionetas Suburban, tiene reportado su domicilio el señor Silvano Torres Xolio, un veterano empresario de Veracruz que, como muchos otros emprendedores que viven en este pomposo fraccionamiento, hizo una fortuna gracias a que sus múltiples compañías obtuvieron jugosos contratos con Petróleos Mexicanos (Pemex) para darle diferentes servicios.

Nada extraño, aparentemente. Salvo por tres detalles. Uno, que Torres Xolio ganó cientos de millones en contratos con Pemex luego de ser funcionario... en Pemex. Dos, que los contratos fueron irregulares. Y tres, que buena parte de esa fortuna la hizo gracias a dos empresas fraudulentas.

Cuando el enemigo está en casa

La mañana del 12 de enero de 2017, el presidente Enrique Peña Nieto habla frente a un atril con un tono y una expresión gestual atípicos en su estilo de orador rígido y acartonado.

Frente a un auditorio repleto de empresarios del sector agropecuario y de líderes obreros, el Presidente se muestra especialmente cómodo, relajado, incluso dicharachero: habla despacio, haciendo pausas enfáticas bien calculadas. Gesticula con ambas manos para subrayar algún punto. Encoge los hombros. Sonríe con ironía para descalificar las críticas. Se apoya en el atril. Hace muecas con la boca. Mira a la cámara. Y se recrea exponiendo datos y ejemplos para cargarse de razón, como el abogado de película que se pavonea frente al estrado porque tiene, o eso quiere hacer ver, todas las pruebas para ganar un caso.

Peña está hablando del «gasolinazo», de las alzas a los precios del combustible que han generado malestar y protestas airadas de la ciudadanía. Por eso, aunque está rodeado de empresarios, se dirige a la gente de a pie con un tono cercano y natural, para justificar que el gasolinazo, «una medida dolorosa, pero responsable», no es culpa suya ni de su Gobierno, sino de otros muchos factores. El principal, que el tanque de petróleo en México está en la reserva.

«La gallina de los huevos de oro se nos fue secando, se nos fue acabando», dice Peña con ambos brazos extendidos y encogiendo ligeramente los hombros, como si los malos rendimientos petroleros de los últimos años fueran sólo cosa de la naturaleza.

* * *

Evidentemente, los yacimientos de petróleo en cualquier parte del mundo no son una fuente infinita de recursos. El petróleo se acaba, eso es un hecho. Pero el petróleo en México, o «la gallina de los huevos de oro», como la llama Peña, se ha ido «secando», también, en buena medida gracias al saqueo de Pemex, que es la dependencia pública encargada de obtener su mayor rendimiento, y gracias a un sistema de corrupción a partir del cual miles de millones de pesos destinados a ese fin desaparecieron entre empresas fantasma.

En el caso de Pemex, el esquema de desvío es similar al ya expuesto en capítulos anteriores. A través de su filial Exploración y Producción (Pemex-PEP), la dependencia firma un convenio de colaboración con una universidad pública para que ésta le dé una serie de asesorías. La universidad viola la ley de adquisiciones y con ese dinero subcontrata a empresas fraudulentas, entre las que desaparece el dinero público. Y, además, se queda con una «comisión» millonaria por hacer de intermediaria en el fraude.

Con este *modus operandi*, entre 2011 y 2014, Pemex-PEP entregó 3 mil 576 millones a 96 empresas a través de seis universidades públicas estatales: la Universidad Autónoma del Carmen (Unacar), la Universidad Popular de la Chontalpa, el Instituto Tecnológico de Comalcalco, la Autónoma y la Tecnológica de Tabasco, y la Universidad del Golfo de México, también de Tabasco.

La presente investigación revisó minuciosamente cada uno de esos 39 convenios para determinar qué pasó con ese dinero público. El resultado: en todos los convenios las universidades violaron la ley para desviar el dinero a empresas y se quedaron con 634 millones en «comisiones».

Pero no es todo: de ese dinero desviado, un total de 2 mil 149 millones de pesos literalmente desaparecidos entre 65 empresas de las que, luego de visitar sus domicilios, cuestionar a sus socios y comprobar si prestaron los servicios, se documentó que tienen un amplio abanico de severas irregularidades. Por ejemplo, seis de las compañías son «fantasma», según el Servicio de Administración Tributaria (SAT), y otras 23 son investigadas por este mismo motivo. Dos más no fueron localizadas en sus domicilios por la Auditoría

Superior de la Federación (ASF), seis recibieron millones a pesar de no contar con folio mercantil —el registro que toda empresa debe tener antes de operar legalmente—, cuatro no existían en el domicilio reportado, ocho fueron desmanteladas tras recibir el dinero y otras 15 no tienen ni siquiera dirección.

Además, si algo caracteriza al esquema de La Estafa Maestra en el caso de Pemex es que empresas de exfuncionarios y funcionarios de la propia petrolera participaron en el fraude a «la gallina de los huevos de oro».

* * *

A diferencia del fastuoso complejo residencial donde tiene registrado su domicilio Silvano Torres Xolio, la empresa Cantarell Services S. A. de C. V. está localizada en una colonia «clasemediera» de Villahermosa, en Tabasco.

Aunque decir «localizada» no es lo más preciso: según documentación oficial, Cantarell tiene su dirección en un edifico angosto y viejo que está abandonado, en la calle José Narciso Rovirosa, fraccionamiento Oropeza. O al menos inhabitado desde hace meses, como lo muestra la enorme lona que cae desde la azotea para anunciar con letras mayúsculas que «SE RENTA todo el edificio» y el aparatoso candado que está enroscado en la puerta principal del inmueble.

Silvano Torres fundó esta empresa en junio de 2005 (Folio mercantil no. 8241-3, Registro Público de Comercio de Ciudad del Carmen, Campeche), un par de años después de que dejara su cargo como funcionario en Pemex-PEP, donde trabajó —de 1993 a 2003— desempeñando altos cargos, como el de superintendente en la Subdirección de Auditoría de Seguridad Industrial. Para fundarla, Torres Xolio se asoció con otro exfuncionario de Pemex-PEP, Williams Morfin Silva —quien fue subgerente en la Subdirección de Seguridad Industrial de Pemex-PEP—. Aunque pronto, en 2006, las acciones de Cantarell

Services se transfirieron a Flor Estefanía Torres Gallardo, hija de Torres Xolio, mientras su otra hija, Diana Beatriz Torres Gallardo, aparece como representante legal de otra empresa: Pro Source S. A. de C. V., sociedad en la que también aparece como accionista María del Carmen Gallardo Bernal, madre de las hijas de Torres Xolio.

En 2013, las compañías «familiares» de Torres Xolio ganaron dos contratos por 190 millones de pesos entregados por la Universidad Popular de la Chontalpa para trabajar con Pemex-PEP. Sin embargo, éstas no tenían la capacidad para dar los servicios por lo que, de ese monto, triangularon 28 millones a dos sociedades más: el Instituto Mexicano de Competencias en Administración de Proyectos (Imecap), el cual no fue localizado en su domicilio por los auditores fiscales de la Secretaría de Finanzas de Tabasco,[1] y la Comercializadora Cosur S. A. de C. V., que tampoco existe en la dirección reportada en la colonia Playa Norte de Ciudad del Carmen, Campeche.

Asimismo, la Auditoría Superior de la Federación denunció en un informe forense que Cantarell facturó casi 50 millones de pesos por 8 mil 800 jornadas de trabajo que fueron presuntamente realizadas por personal que, simplemente, «no se localizó». Mientras que sobre Pro Source, la ASF señaló que esta empresa tampoco tenía la capacidad para dar los servicios, puesto que subcontrató a 17 personas que, a su vez, no contaban con el perfil ni la experiencia necesarios para el desarrollo de las actividades encomendadas.

A pesar de los contratos millonarios, Cantarell Services, cuyas instalaciones no eran precisamente las de un corporativo petrolero con helipuerto en la azotea, desapareció del edifico angosto que hoy se renta porque fue liquidada el 6 de julio de 2016, según consta en el Registro Público de Comercio. El motivo de la disolución es que la empresa estaba «agobiada por los gastos operativos». Y con su disolución logró, prácticamente, evadir cualquier posible investigación fiscal en su contra.

[1] Véase Expediente número IMC120123BMA. En: www.spf.tabasco.gob.mx.

En cuanto a Pro Source S. A. de C . V., el domicilio reportado en la colonia Oropeza, en Villahermosa, Tabasco, es una casa sin habitar en la que los recibos de luz se acumulan sin abrir junto a la puerta de entrada. Los vecinos aseguran que en ese domicilio sí operó la empresa, hasta que intempestivamente quienes acudían a ella desaparecieron. «Se fueron de la noche a la mañana —explica uno de los vecinos—. En menos de una semana desmantelaron todo». La empresa fue desmantelada en enero de 2015, 15 meses después de recibir la millonaria suma de Pemex.

Durante la visita al complejo residencial donde reporta su dirección Torres Xolio, se le solicitó, a través del personal de seguridad que custodia su vivienda, una entrevista acerca de las irregularidades reportadas por la ASF en los contratos millonarios que ganaron sus empresas «familiares» de la dependencia de gobierno para la que trabajó toda una década. Sin embargo, el expetrolero no dio respuesta.

Exfuncionarios y compadres

Las compañías de Torres Xolio están ligadas a otra sociedad: Maheca S. A. de C.V. Las tres empresas comparten socios accionistas y, además, lazos familiares: el representante legal de Maheca, Héctor Vera Argüelles, es consuegro de Silvano Torres Xolio. Y, además, hay otra «coincidencia»: Vera también fue funcionario de Pemex-PEP y ganó contratos millonarios gracias... a Pemex-PEP.

Héctor Vera Argüelles trabajó como supervisor en el área de Coordinación de Programación y Evaluación de Pemex-PEP, hasta que en octubre de 2010 abandonó la petrolera.[2] Pero no estuvo mucho

---

[2] Héctor Vera Argüelles fue funcionario de Pemex-PEP desde el 20 de octubre de 2004 hasta el 1 de octubre de 2010, según consta en el portal oficial. En: www.servidorespublicos.gob.mx.

tiempo alejado de Pemex. A los siete meses de dejar el cargo, Vera Argüelles ya era representante legal de Maheca y había ganado los dos primeros contratos por 113 millones de pesos, con lo que pudo también incurrir en un presunto delito al violar la Ley de Servidores Públicos, puesto que no esperó ni un año fuera del gobierno para hacer negocios con Pemex-PEP. No obstante, eso no supuso un problema para que los contratos siguieran fluyendo a un ritmo vertiginoso. Entre mayo de 2011 y octubre de 2013, Maheca ya había ganado ocho contratos por 502 millones de pesos.

Este exfuncionario, Héctor Vera Argüelles, se benefició del mismo esquema de fraude: Pemex-PEP, a través de la Universidad Popular de la Chontalpa, subcontrató a Maheca para que diera asesorías petroleras a pesar de que la empresa tiene como giro social dar asesorías contables e informáticas, según su acta constitutiva.[3]

Sin embargo, Maheca no fue el destinatario final de todo el dinero público, pues como no tenía el perfil ni la capacidad para cumplir con los servicios, trianguló los recursos a otras seis empresas a las que transfirió 90 millones de pesos que había recibido de tres convenios con la Universidad Popular de la Chontalpa.

De estas compañías, el SAT ya comprobó que Logistic Peninsular S. A. de C. V. simulaba operaciones comerciales y emitía facturas falsas, por lo que la incluyó en su lista oficial de empresas fantasma.[4] Cuatro más: Pen Comerce S. A. de C. V., Global Baker Oil S. A. de C. V., Pacific Asistence S. A. de C. V. y Apa Investments S. A. de C. V. también son investigadas por simular operaciones comerciales.[5] Mientras que Construcción, Suministros y Arrendadora Lomax

---

[3] Folio Mercantil Electrónico 14066-1, inscrito en el Registro Público de Comercio de Villahermosa, Tabasco.

[4] Boletinada en el *Diario Oficial de la Federación* del 7 de noviembre de 2016.

[5] Información obtenida en el portal del SAT. Recuperado el 22 de diciembre de 2017. En: www.sat.gob.mx.

S. A. de C. V. recibió dinero público pese a no tener folio mercantil, según respondió en una solicitud de información la Secretaría de Economía.[6]

Maheca ni siquiera tenía socios de verdad: Francisco N., uno de los accionistas fundadores —de los dos que registró la empresa cuando fue constituida en 2010—, es un «prestanombres» que labora como conserje limpiando el suelo de una escuela ubicada en una ranchería pobre de Tabasco, tal y como se expuso en el primer capítulo de este libro. La otra persona que aparece como dueña de la firma, Ofelia del Rosario Arce Medellín, no fue localizada en su presunto domicilio ubicado en el fraccionamiento Bosques de Villahermosa, Tabasco. Tampoco se localizó a Alejandra Pinete Herver, otra de los accionistas; el que se reportó como su domicilio es un modesto departamento ubicado en una unidad habitacional, donde vive una mujer ama de casa con su hijo. La señora negó conocer a los accionistas o saber algo de Maheca: «En mi casa no hay ninguna empresa ni nunca la habido», aseguró la mujer.

* * *

El Grupo Industrial PGS es otra de las compañías formadas por exfuncionarios que fueron beneficiadas por Pemex-PEP. En este caso, la Universidad Politécnica del Golfo de México fue la «intermediaria» para desviar casi 53 millones de pesos en un solo contrato.

La dirección de la empresa está en la colonia Pomoca, del municipio de Nacajuca, Tabasco. Se trata de una unidad habitacional deprimente, con bloques de departamentos que parecen cajas de cerillos amontonadas, de cuyas paredes pintadas con azules, amarillos y verdes intensos brotan tendederos y viejos aparatos oxidados de aire acondicionado. En el inmueble reportado no se encuentra

---

[6] Respuesta a solicitud de información número 0001000174816.

Grupo Industrial PGS ni tampoco el exfuncionario Bernabé de la Rosa Jiménez. En su lugar, quien habla con recelo detrás de una aparatosa verja de hierro es una mujer de unos 30 años de edad, quien niega que en su departamento hubiera existido cualquier empresa.

Y otro caso: MC Tecnologies and Energy Solutions S. A. de C.V. es una sociedad que ganó 86 millones de pesos de Pemex-PEP a través de la Universidad Autónoma del Carmen (Unacar). Sin experiencia previa en trabajos con Pemex, MC Tecnologies recibió contratos millonarios dos años después de que su socio fundador, Benito Javier Criollo Herrada, dejara la petrolera tras 20 años de trabajar como gerente en el área de Perforación-División Norte. En el acta constitutiva de esta empresa[7] también figura como comisaria Candy Guadalupe Pérez Pérez, quien no sólo es empresaria, sino también —y al mismo tiempo— funcionaria de Pemex-PEP en el área de supervisión de contratos. El SAT también investiga a MC Tecnologies como presunta empresa fantasma.

En total, siete compañías que pertenecen o que tienen entre sus integrantes a 10 exfuncionarios de la filial petrolera, fueron beneficiadas gracias al esquema de La Estafa Maestra, con contratos por 923 millones de pesos.

Pero esta no ha sido la única modalidad usada para defraudar a Pemex. Otro *modus operandi* documentado en la presente investigación es que se utilizó sin escrúpulos a los más pobres como «prestanombres» para crear empresas fraudulentas.

---

[7] Folio mercantil electrónico 14873-1, Registro Público de Comercio de Villahermosa, Tabasco.

Un «millonario» en el «Tepito» de Villahermosa

—¿Un empresario viviendo aquí? ¿En esta colonia?

Con aire turbado y los ojos negros muy abiertos, el taxista mira a los periodistas a través del espejo retrovisor, mientras el viejo sedán avanza dando tumbos por una calle estrecha inundada de baches. Esto es «La Selva», anuncia un cartel de fierro carcomido por el sol. Un barrio del municipio tabasqueño de Nacajuca, donde según datos oficiales de pobreza[8] más de la mitad de sus habitantes no puede comprar los alimentos de la canasta básica.

Sin embargo, es aquí, en alguna de estas laberínticas calles marginales, donde el empresario Gustavo N. tiene reportado su domicilio. O, al menos, así lo indican las actas constitutivas de su red de empresas. Un corporativo que ganó contratos con Pemex por 735 millones de pesos.

—*Nah*, no creo que ese señor viva aquí —murmura el chofer que explica con un tono neutro y desapasionado una obviedad: todos en Villahermosa saben que los «empresarios petroleros de billete» viven en las mansiones de los fraccionamientos de lujo y no en esta colonia donde aún hay casas con techo de palma y piso de tierra.

Además, prosigue su argumentación simulando una pistola con los dedos de la mano, alguien con esa fortuna no duraría mucho tiempo en este barrio sin que lo secuestraran, asaltaran o algo peor.

—Para que se hagan una idea —sonríe ahora malicioso—: estamos en «el Tepito de Villahermosa».

Tras la comparación con uno de los barrios de la Ciudad de México catalogado históricamente como violento, el chofer baja la voz como si aun con los cristales arriba y una cumbia sonando en

---

[8] *Informe de pobreza y evaluación en el estado de Tabasco*, 2012, elaborado por el Consejo Nacional de Evaluación de la Política de Desarrollo Social (Coneval).

la radio alguien lo pudiera escuchar, y comenta que en esta colonia se han dado casos de robos de combis, «con todo y pasajeros», así como secuestros y asesinatos, los cuales, debido a la acción del crimen organizado, se han disparado en la entidad en los dos últimos años. Así lo reflejan también las cifras del Sistema Nacional de Seguridad Pública: en 2016, el municipio de Villahermosa Centro, ubicado a unos escasos 10 kilómetros de esta colonia de Nacajuca, registró una tasa de 22.9 asesinatos por cada 100 mil habitantes. Hasta 6.1 puntos por encima de la media de México; un país que de por sí ya está entre las naciones más violentas del orbe.

Pero a nivel estatal, las cifras tampoco son mejores: 173 homicidios dolosos hasta junio de 2017; 54% más que el año anterior. Mientras que los secuestros se han convertido en un verdadero quebradero de cabeza para las autoridades y en una pesadilla para la población: en 2016, Tabasco fue el segundo estado con mayor tasa de secuestros de todo México.

* * *

Son las cuatro de la tarde. Hace varias horas que el sol dejó de estar en su momento de apogeo, pero el calor plomizo no cesa.

Tras serpentear por calles desiertas, el taxi se detiene frente al domicilio del señor Gustavo, cuya verdadera identidad queda protegida para evitar represalias en su contra. No es una vivienda de techo de lámina, como la del vecino, pero su fachada de cemento no tiene pintura, y la segunda planta es una obra polvorienta en la que lonas de plástico tapan los huecos de las ventanas. En el porche no hay carros de lujo estacionados ni camionetas *pick up* del año. Tan sólo un perro callejero que ladra histérico y un tendedero con ropa secándose al sol.

La casa tampoco tiene timbre, así que los reporteros se anuncian varias veces, hasta que por el umbral aparece caminando perezosa y descalza una joven ataviada con un ajado vestido de flores.

—Ésta es la dirección que buscan —asiente con la cabeza—. Pero debe haber un error, porque mi papá no tiene ninguna empresa.

El reportero saca el bloc de notas y repite lentamente, casi deletreando, los nombres de Surface Technology S. A. de C.V.[9] y de E&P Solutions S. A. de C. V., empresas de las que Gustavo es socio accionista. Luego menciona el nombre de las otras tres compañías vinculadas a las de Gustavo: Energy Oil and Gas Services, Drilling and Completion Services de México e Integrated Reservoird Management de México.

En total, explica el periodista tras hacer una breve pausa, esta red de empresas ganó siete contratos con Pemex en 2013 por más de 700 millones de pesos. Con la boca entreabierta, la joven escucha pasmada las cifras y esboza una sonrisa tímida, como si le acabaran de contar un chiste malo.

—No señor —murmura y da un paso atrás para dejar bien a la vista la deslavada fachada de su casa—. Le digo que mi papá no tiene ninguna empresa. Nosotros no somos ricos.

Ante la cara de desconcierto de la joven, el reportero le pregunta si habría entonces alguna posibilidad de que a Gustavo lo hubieran engañado o forzado para crear esas sociedades, haciéndole firmar algunos documentos a cambio de apoyos o pidiéndole su credencial de elector con la promesa de darle algo de dinero. La joven encoge los hombros y concluye la plática repitiendo que no sabe nada del tema. Pero un par de horas después, la respuesta llega con una llamada telefónica.

* * *

---

[9] Folio Mercantil número 14721, inscrito en el Registro Público de Comercio de Villahermosa, Tabasco.

—¿Usted es el periodista que vino a buscarme a mi casa?

La voz pétrea y el tono seco, martilleado, dejan entrever que el señor Gustavo está molesto, a la defensiva.

A quemarropa, el reportero decide que lo mejor es cuestionarle directo por «sus» compañías, los contratos con Pemex y por las direcciones de las sociedades.

Gustavo guarda silencio.

Un segundo, dos, tres, cuatro...

Así, hasta que admite con voz metálica que sí. Que contrario a lo dicho por su hija, sí conoce esas sociedades. Aunque, presto, se deslinda de ellas cuando se le cuestiona por los señalamientos de fraude que la Auditoría Superior de la Federación (ASF) presentó en dos informes forenses,[10] en los que, en resumen, denunció que las cinco compañías, que comparten accionistas, representantes legales, comisarios y direcciones fiscales, no tenían la capacidad para dar ningún servicio, a pesar de lo cual fueron beneficiadas con cientos de millones de pesos del erario público.

De nuevo, el supuesto empresario enmudece.

Respira agitado. Tose, carraspea y traga saliva.

—Mire, no sé nada de ningún fraude —balbucea aturdido—. Ya no trabajo ahí desde hace dos años.

—Entonces, ¿la Auditoría está equivocada? —se le vuelve a preguntar—. ¿No hay ningún fraude? ¿Nada que comentar?

Pero ya no hay respuesta: un eco metálico advierte que Gustavo ha cortado súbitamente la llamada, sin antes explicar por qué su nombre aparece como accionista de una empresa fantasma.

---

[10] Auditoría de la Cuenta Pública 2013 a la Universidad Popular de la Chontalpa, con número 13-4-99063-12-0250; Auditoría de la Cuenta Pública 2013 al Instituto Tecnológico Superior de Comalcalco, con número 13-4-99071-12-0243.

Se venden drogas, armas… y empresas fantasma

En sólo cinco meses, entre marzo y agosto de 2013, el «consorcio» de empresas de Gustavo N. ganó contratos por 735 millones de pesos, a pesar de que en Compranet no existen antecedentes de que éstas tuvieran experiencia en trabajos con Pemex ni con ninguna otra dependencia de gobierno. Todo un «récord» que además de posicionar a estas sociedades en la lista de las «500 empresas mexicanas más grandes» enlistadas por la revista *Expansión*, debería ubicarlas también en otro *ranking*, el de las compañías que más rápidamente amasaron una fortuna: 146 millones al mes, casi 5 por día.

Sin embargo, la realidad es que esos ingresos «récord» contrastan con la pobreza del barrio donde vive Gustavo, el presunto magnate del oro negro. Por lo que todo apunta a que se trata de un «prestanombres», una figura que se utiliza para ocultar a los verdaderos dueños de compañías que desvían recursos o que realizan otros actos delictivos, como el lavado de dinero.

Y el caso de Gustavo, desde luego, no es el único.

A tan sólo unos 10 kilómetros de «La Selva» está la colonia Casa Blanca, otra de las zonas más deprimidas de Villahermosa.

De acuerdo con el acta constitutiva, en esta colonia tiene su domicilio el señor Juan, el otro dueño de E&P Solutions; la empresa con la que, al menos en el papel, tanto él como el señor Gustavo ganaron dos contratos con Pemex por 194 millones 183 mil pesos.

En la vivienda de paredes podridas por la humedad y en una entrada en la que yace abandonada una vieja lavadora oxidada tampoco se percibe rastro de que ni uno de los 194 millones haya acabado en el bolsillo del señor Juan ni en el de su esposa, una señora robusta de unos 50 años que viste una roída playera roja y que cocina tamales a fuego lento en la banqueta de la calle, al lado de una vulcanizadora polvorienta.

A la pregunta de si le suena el nombre de E&P Solutions, la señora murmura un escueto «sí», sin perder de vista la olla humeante. Pero casualmente su esposo no está en casa.

—Salió de la ciudad. No sé cuándo regresará —dice escuetamente, con el rostro colmado de arrugas y congelado, a pesar de que se superan los 40 grados centígrados.

—¿Sabía que la empresa de su esposo ganó cientos de millones de Pemex? —se le insiste.

Pero la mujer sigue sin inmutarse. Ni una mueca de sorpresa o extrañeza. Nada. Sólo agarra un pedazo de cartón grasiento y lentamente lo abanica para avivar el fuego de los tamales.

—Mejor hable con mi esposo —zanja la conversación la mujer, quien en los días posteriores, cuando los reporteros buscaron de nuevo a su marido, repitió una y otra vez el mismo ritual: el señor Juan no está. Vuelvan otro día.

A unos cuatro kilómetros de allí, en la colonia Gil y Sáenz de Villahermosa, vive Laura N., la accionista de Integrated Reservoir Management Services de México, otra compañía vinculada a la de Gustavo y Juan, que ganó un contrato con Pemex por 86 millones de pesos. Las calles de esta colonia están pavimentadas, pero tienen tantos hoyos que parece un paisaje lunar inundado de cráteres. Aquí, una señora confirma que su hija Laura, una supuesta empresaria cuya compañía ganó una fortuna, vive con ella en un vetusto vecindario.

—Su hija figura en el acta constitutiva como dueña de una empresa...

—¿Mi hija? No, no, para nada —responde la señora encogiendo los hombros y con los ojos muy abiertos, como si acabara de escuchar un tremendo disparate—. No sé quién les haya dado ese dato, pero mi hija no es empresaria.

—¿A qué se dedica, entonces? —se le cuestiona.

—Trabaja, como todo el mundo.

—¿En dónde, en Pemex?

—No, no. ¡Ojalá! —exclama la mujer, que ríe incrédula—. Trabaja en un despacho como abogada, pero ella es una empleada.

Más tarde, Laura N. se comunica por teléfono. La fotografía de su perfil de WhatsApp muestra a una joven morena, delgada, que no rebasa los 25 años de edad. Cuando se le cuestiona por «su» empresa, Laura también admite que la conoce, aunque pone la misma excusa que el señor Gustavo.

—Desde 2014 ya no laboro para esa empresa. De hecho, ya dejé de tener contacto con ellos —explica con voz aguda, aniñada.

—Sí, pero usted es accionista de la compañía. No es una simple empleada, sino uno de los dueños —se le insiste.

—Esas acciones ya están a nombre de otra persona.

—Pero ¿cómo llegó a ser la accionista de una empresa que ganó más de 86 millones? ¿Se lo pidieron en el trabajo o usted aportó capital?

A eso Laura N. ya no quiere contestar.

—Nos estamos metiendo en otras cuestiones —dice incómoda con el giro de la plática—. Mándame tu correo electrónico y trato de checar los documentos de esa empresa —promete la joven, quien después no volvió a responder las llamadas de los periodistas.

* * *

De esta manera, cuando se le plantearon estos y otros casos —este equipo de investigación visitó 20 domicilios de «dueños» de empresas millonarias en diferentes colonias populares de Villahermosa—, un investigador de la Fiscalía de Tabasco sonrió de medio lado y comentó que el perfil de Laura N., Juan y Gustavo coincide con lo que ellos ven a diario en la entidad:

—Colonias pobres como la Casa Blanca o Ciudad Industrial son la mera zona de las falsificaciones —explica el agente de la Fiscalía, quien pide guardar su nombre en el anonimato por motivos de seguridad—. Ahí consigues de todo: desde armas y drogas, hasta documentos para poner tu empresa fantasma.

Se trata de colonias «factureras», prosigue el agente, a las que acuden despachos de contadores para comprar por unos pocos pesos recibos de luz, agua o teléfono, y con esos datos constituyen empresas que sólo existen en papel, pero que «lavan» dinero con la emisión de facturas.

—Por eso están encontrando que gente que vive en rancherías y zonas muy pobres y violentas son en el papel dueños de empresas millonarias —corrobora el elemento del Ministerio Público, quien subraya que, a diferencia de las «Empresas Fantasma de Veracruz», en estos casos los «prestanombres» sí son conscientes del fraude, aunque tampoco reciben casi nada de las ganancias.

Este *modus operandi* de alquilar personas también fue confirmado de manera oficial por las autoridades de Tabasco: Fernando Valenzuela, fiscal estatal, explicó en una entrevista que el uso de «prestanombres» por parte de despachos de abogados y contadores para crear «empresas fantasma» es una práctica delictiva común en esta entidad desde el año 2009.

* * *

No obstante, el uso de «prestanombres» no es, desde luego, exclusivo de Tabasco ni de Veracruz. En el Estado de México, por ejemplo, también se documentaron casos durante esta investigación. En específico, en la colonia Granjas Valle de Guadalupe, en Ecatepec.

En esta barriada industrial en la que los vecinos levantaron barricadas con cascotes de concreto y llantas de camión para controlar la entrada de extraños a la zona, tiene su dirección fiscal LV Deips S. A. de C. V.,[11] compañía que, a través del Instituto Tecnológico

---

[11] Folio Mercantil 8572-3, inscrito en Registro Público de Comercio de Ciudad Nezahualcóyotl, Estado de México.

Superior de Comalcalco, se quedó con 41 millones 449 mil pesos de Pemex por prestar supuestos servicios de logística. Sin embargo, en el domicilio que figura en el acta constitutiva no hay ninguna empresa con ese nombre. Ni los vecinos recuerdan que en esta calle, donde los únicos negocios que hay son modestos locales que venden refrescos y cigarros de contrabando, haya existido una compañía que diera servicios millonarios a Pemex.

En cuanto a los dueños de LV Deips, éstos no tienen el perfil profesional que requeriría una empresa altamente especializada en asesorías petroleras ni los ingresos de «su» compañía se corresponden con su nivel de vida en barriadas populares. En este caso se trata de tres socios: un electricista de 37 años que comparte departamento con su hermana en la colonia 20 de Noviembre, de la delegación Venustiano Carranza, y dos mujeres, una señora de 71 años y su hija de 42, que viven en la colonia La Perla, Ciudad Nezahualcóyotl, Estado de México.

La accionista de 71 años fue localizada en su domicilio, donde atiende una «tiendita» en la que vende «aretes, pulseras y otras baratijas» para salir adelante cada quincena. Cuando se le cuestiona por LV Deips, la mujer adulta mayor cae en varias contradicciones: primero niega conocer la empresa y luego admite que sí la conoce, aunque no sabe ni qué servicios ofrece. En cualquier caso, niega tajantemente que los más de 40 millones de pesos que ganó la empresa fueran a parar a su cuenta. Ni a la de su hija, la otra accionista que también se dedica al comercio ambulante y a vender comida por las calles de Ciudad Neza, según explicó su madre.

—Mire joven, si yo tuviera esos millones que usted dice viviría a todo dar —dice la señora entre carcajadas con las manos metidas en un mandil grasiento—. Pero créame que yo no he visto nunca nada de ese dinero.

¿Qué tienen en común Pemex, la lucha libre y una zapatería?

Empresas fantasma, empresas con «prestanombres» o empresas con «exfuncionarios». El ramillete de compañías irregulares que «desaparecieron» 2 mil 149 millones de pesos de Pemex es muy amplio. Pero a este catálogo todavía se le puede sumar otra categoría: la de empresas cuyos giros sociales nada tienen que ver con los servicios para los que fueron contratadas.

A través del mismo esquema de fraude, compañías que se dedican a organizar charreadas, funciones de lucha libre, así como a la venta de productos de limpieza y zapatos ganaron millones del erario para dar supuestas asesorías a Pemex sobre cómo mejorar la producción petrolera del país. Se trata de diez empresas que ganaron 123 millones gracias a dos convenios de colaboración firmados entre Pemex-PEP y la Universidad Autónoma del Carmen (Unacar).

Uno de esos convenios es el número 420403822, firmado el 10 de septiembre de 2013 por un monto de 83 millones 953 mil pesos. A partir de éste, la Unacar debía dar a Pemex-PEP servicios de «asistencia técnica y apoyo operativo» en la exploración y perforación de pozos petroleros. La Unacar firmó por escrito que ella daría 100% de los servicios y que no subcontrataría a nadie. Pero no fue así: entregó 71 millones 033 mil pesos a dos compañías. Una es Holmal Construcciones S. A. de C. V., la cual recibió 13 millones 264 mil pesos, a pesar de que no tenía la capacidad para dar los servicios, por lo que, a su vez, esta sociedad se quedó con 2 millones 311 mil pesos por no hacer nada y desvió 10 millones 953 mil pesos a tres empresas más que están vinculadas entre sí: comparten el mismo representante legal.

De esas tres, Novai S. A. de C. V. y Servicios Swift Star S. A. de C. V. no tienen página electrónica, correo electrónico, teléfono ni están registradas en el Sistema de Información Empresarial Mexicano (SIEM). Por no tener, no tienen ni siquiera dirección. La otra compañía beneficiada es Servicios Especializados Lets S. A. de C. V.; misma que, según su acta constitutiva,[12] se dedica a la organización de «charreadas, conciertos musicales, verbenas, pasarelas de moda, excursiones turísticas y peleas de lucha libre». Múltiples giros, pero ninguno relacionado con la explotación de pozos petroleros en alta mar.

Tres años y un mes después de que Holmal fuera beneficiada por la Unacar con dinero público de Pemex, en el corte del 16 de noviembre de 2017, el SAT incluyó a esta empresa en su lista de investigadas como presunta fantasma.

La otra empresa beneficiada a partir del convenio 420403822 es Grupo Industrial Ahcof México, que ganó 57 millones 769 mil pesos, a pesar de que tampoco existe en su domicilio, tal y como denunció la Auditoría Superior de la Federación en un informe forense.[13] En la dirección de Ahcof, en la colonia Atlanta, en Cuatitlán Izcalli, Estado de México, hay una casa de dos plantas, donde la persona que renta el inmueble dijo no saber nada de ninguna compañía.

Para conocer más detalles de esta sociedad, se solicitó a la Unacar por transparencia el contrato por 57 millones que salieron de los impuestos de todos los mexicanos. Pero la universidad lo negó argumentando que se trata de «información reservada».[14]

* * *

En otro convenio, el 421003884, Pemex-PEP le pagó a Unacar 79 millones 736 mil pesos para que le prestara «servicio de asistencia

---

[12] Folio Mercantil Electrónico 55844-1, Registro Público de Comercio de Mérida, Yucatán.

[13] Auditoría Forense Cuenta Pública 2014 a la Universidad Autónoma del Carmen, número 14-4-99032-12-0206.

[14] Respuesta de la Unacar a las solicitudes de información con números de folio: TR-01000 01 52 17; TR-0100 01 72 17 y TR-0100 02 19 17.

técnica y especializada» a su «Unidad de Negocio de Perforación». De nuevo, la Unacar desvió 52 millones 812 mil pesos a otras dos empresas: Telesat Telecomunicaciones y Seguridad S. A. de C. V. y Corporación Kirshee S. A. de C. V. Telesat sí existe en su domicilio ubicado en Villahermosa, Tabasco. Pero tampoco tenía la capacidad para cumplir con los servicios y subcontrató a dos empresas. Una es Kofasur Logística Servicios y Distribuciones S. de R. L. de C. V., que también se dedica a múltiples giros que nada tienen que ver con los servicios contratados por Pemex: comercializar «toda clase de productos de limpieza», así como la compra-venta de «zapatos y bisutería».[15] Esta compañía recibió 6 millones 502 mil pesos. Además, sin tener experiencia previa en trabajos a la petrolera: fue creada sólo 13 días antes de que Pemex y la Unacar firmaran el convenio. Y fue liquidada un año y medio después de recibirlo. La otra sociedad, Saratof y Asociados Peninsulares S. C. P., no está registrada ante la Secretaría de Economía,[16] pero esta grave irregularidad no fue impedimento para que ganara 7 millones 848 mil pesos.

En total, estas compañías fueron beneficiadas con 14 millones 350 mil pesos, aun y cuando en un proceso de licitación pública no hubieran reunido los requisitos mínimos para competir por contratos con Pemex ni con ninguna otra dependencia de gobierno. Es más, la autoridad tributaria sospecha que, en realidad, ambas son sociedades fantasmas, por eso también las incluyó en su lista negra de empresas investigadas por simular operaciones comerciales.

En cuanto a Corporación Kirshee, que ganó 30 millones 765 mil pesos, tiene su dirección en una oficina virtual en San Pedro Garza, Nuevo León, donde el personal que labora aseguró no tener registrada en sus archivos históricos a ninguna compañía con ese

---

[15] Folio Mercantil Electrónico con número 55446-1, Registro Público de Comercio de Mérida, Yucatán.

[16] Respuesta a Solicitud de Información 0001000110017.

nombre. Ésta, además, repitió el esquema de fraude idéntico: se quedó con 8 millones 718 mil pesos del erario público y desvió 22 millones 47 mil pesos a otra empresa: Desarrollos Empresariales Mosler S. A. de C. V., misma que también es investigada por el SAT como empresa fantasma.

2 mil 149 millones de pesos desaparecidos, cero funcionarios en la cárcel

Todo este carrusel de corrupción fue posible gracias a la firma de 39 convenios entre Pemex-PEP y seis universidades públicas, como ya se ha expuesto. Se trata de convenios que fueron «palomeados» por altos funcionarios de la petrolera que, lejos de ser investigados, y mucho menos sancionados, fueron premiados con un ascenso.

Por ejemplo, José Luis Fong Aguilar, como subdirector de Producción Región Sur, firmó el convenio 425102832 con la Universidad Popular de la Chontalpa, lo que significó un desvío de 238 millones de pesos que acabaron en Maheca S. A. de C. V., la empresa de Francisco N., el prestanombres que es conserje en una ranchería, y del exfuncionario Héctor Vera Argüelles. Asimismo, 51 millones 787 mil pesos fueron triangulados a otras cuatro sociedades que son investigadas por el SAT como presuntas fantasma y a otra que ya está catalogada como tal: Logistic Peninsular. A pesar de lo anterior, Fong Aguilar continúa en la petrolera como subdirector, pero ahora del área de Producción Bloques Norte.

Un caso más claro es el de Juan Javier Hinojosa Puebla, quien como subdirector de Desarrollo de Campos de la petrolera firmó dos convenios por un total de 207 millones de pesos, también con la Universidad Popular de La Chontalpa. De ese dinero, 190 millones acabaron en Pro Source S. A. de C. V. y Cantarell Services S. A. de C. V., las compañías del exfuncionario Silvano Torres Xolio y sus familiares, y en otras cinco compañías, entre las que se encuentra IMECAP, sociedad no localizada en su domicilio por los auditores de la Secretaría de Finanzas de Tabasco. Hoy, Hinojosa Puebla tiene el rango más alto en la filial Pemex-PEP: es su director. Y cuando se le solicitó una entrevista para que aclarara lo sucedido en los convenios firmados, Hinojosa Puebla no dio ninguna respuesta.

Quien sí respondió mediante un correo electrónico es la dependencia como tal, Petróleos Mexicanos, la cual aseguró que, a pesar de que más de 2 mil 149 millones «desaparecieron» entre 65 empresas fraudulentas, no detectó ninguna irregularidad:

«Pemex constató que las universidades e instituciones educativas estatales con las que se celebraron contratos cumplieran con los requisitos (fundamentalmente consistentes en su capacidad técnica y económica), que en la normativa de la empresa se encontraban establecidos para la contratación de los servicios». Y agrega que «en todos los casos, las universidades declararon contar con la experiencia y recursos, así como con la capacidad técnica y financiera para cumplir con la prestación de los servicios objeto del convenio específico». Sin embargo, como se ha documentado a lo largo de este capítulo, ni las universidades tenían la capacidad para dar los servicios ni tampoco las empresas a las que se desvió el dinero, las cuales son fraudulentas.

Emilio Lozoya Austin, director de Pemex durante los primeros cuatro años de este sexenio, también se deslindó de cualquier responsabilidad en el desvío que tuvo lugar en la dependencia a su cargo. Por medio de otro escrito, Lozoya dijo que los convenios firmados entre la filial Pemex-PEP y las universidades «se asignaron a nivel de las regiones y no desde el corporativo, de tal forma que nunca conocí ni los detalles ni participé en los procesos de adjudicación». «Si hubo posibles irregularidades, mi postura es que se investigue y en su caso deslinden responsabilidades», declaró Lozoya.

No obstante, hasta el momento, la Procuraduría General de la República (PGR) no ha anunciado el inicio de una investigación por este desvío millonario en Pemex, «la gallina de los huevos de oro» que se está secando.

V

LAS UNIVERSIDADES, BISAGRAS DEL FRAUDE

NAYELI ROLDÁN Y MANU URESTE

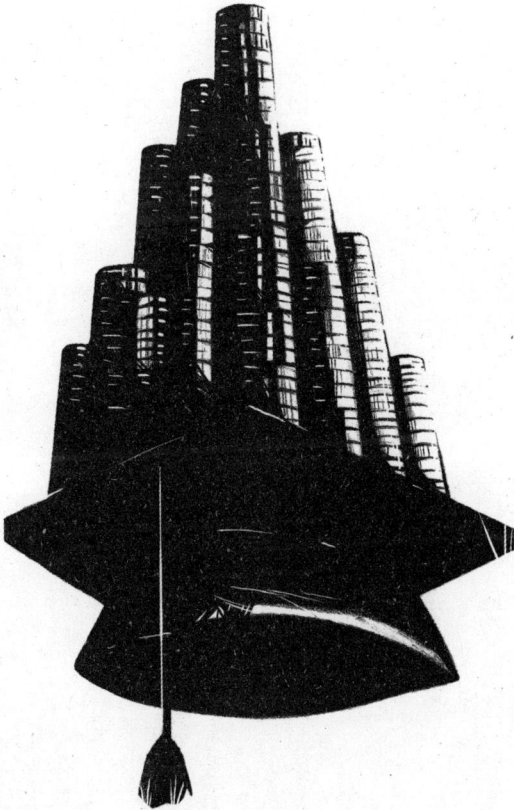

La Rectoría de la Universidad Autónoma del Carmen (Unacar) es un edificio de dos plantas sin alardes arquitectónicos en su insípida fachada naranja, ni detalles que llamen la atención más allá de una puerta de barrotes amarillos que le da un toque carcelario. En el interior, el suelo es liso, de batalla. No hay nada de mármol ni maderas. Y las paredes rugosas están pintadas de un blanco aséptico, mortecino, que lo inunda todo de una monotonía tan plomiza como el calor de Ciudad del Carmen, Campeche.

Del campus que rodea la rectoría tampoco hay gran cosa. Jardines sin relumbrón con una que otra palmera y oficinas que más bien parecen barracones rectangulares de bloque y concreto. Hasta el beisborama ubicado a un costado de la rectoría es un estadio descuidado de 50 años de antigüedad.

En los pasillos apenas hay movimiento. Es temporada vacacional y por eso no se ven profesores dando clases ni estudiantes entrando y saliendo de las aulas. Aunque no es que esta universidad destaque por su abultada matrícula: 8 mil alumnos en 2016,[1]

---

[1] Ruz H. José A., *Tercer informe de actividades 2015-2016*, Universidad Autónoma del Carmen, Ciudad del Carmen, 2016. En: http://www.unacar.mx/transparencia/formatos/XXI/3er_informe_2015_2016.pdf.

cuatro veces menos, por ejemplo, que la Universidad Autónoma de Campeche, que es la principal del estado. Ni tampoco destaca por el prestigio de su oferta educativa. De hecho, la Unacar no está ni entre las 50 mejores universidades de México, según el *ranking* 2017 de la revista especializada *América Economía.*[2]

Sin embargo, ninguna otra universidad, ni siquiera la UNAM, que es la máxima casa de estudios, ni el Instituto Politécnico Nacional, que es una de las grandes referencias en ingeniería petrolera, ha ganado tanto dinero público por brindar asesorías a Pemex como la Unacar: casi 4 mil millones de pesos en tan sólo dos años, entre 2012 y 2014.

Una fortuna que no se ve reflejada en el aumento de alumnos —la matrícula solo repuntó 12% de 2012 a 2016— ni en el presupuesto académico que continúa dependiendo en buena media de las aportaciones estatales y del Gobierno Federal. Y mucho menos se ha invertido en las vetustas instalaciones que, con esa millonada, deberían estar a la altura de las universidades privadas más caras del país.

¿Qué pasó entonces? ¿Por qué con esos ingresos la Unacar no es un referente a nivel nacional e internacional en investigación y docencia? La respuesta es sencilla: porque buena parte de esos casi 4 mil millones no se invirtieron en la universidad ni en sus estudiantes. Se desviaron a empresas fraudulentas.

Y lo mismo ocurrió con el resto de universidades de las que se habla en *La Estafa Maestra.*

---

[2] *América Economía, Ránking*, México, 2017. En: https://rankings.americaeconomia.com/universidades-mexico-2017/tabla.

Las universidades quebradas

En una reunión de la Asociación Nacional de Universidades e Instituciones de Educación Superior (ANUIES) en octubre de 2017, los 191 rectores que la integran lanzaron un inédito llamado de auxilio. Pidieron ayuda gubernamental para salvar a siete universidades que estaban en quiebra técnica. Sí, en quiebra.

Se trataba de la Universidad Autónoma del Estado de Morelos, la Universidad Autónoma del Estado de México, la Universidad de Zacatecas, la Universidad de Nayarit, la Universidad Juárez de Tabasco, la Universidad Benito Juárez de Oaxaca y la Universidad Michoacana de San Nicolás de Hidalgo, que atendían a 200 mil estudiantes. Éstas tenían finanzas en rojo debido al crecimiento de la nómina de sus trabajadores al margen de su presupuesto; ello implicaba el pago de salarios y prestaciones, lo que, sin recursos suficientes, se convirtió en una deuda que terminó rebasándolas.

Es importante decir que entre las universidades en «quiebra» se encontraban tres que participaron en La Estafa Maestra: la Universidad Autónoma del Estado de México, la Universidad Autónoma del Estado de Morelos y la Universidad Juárez de Tabasco.

Como se mencionó en el primer capítulo del presente libro, las dependencias federales contrataron a las universidades para hacer supuestos servicios que en realidad son ajenos a su actividad académica. Aunque no cumplieron con los contratos, las instituciones educativas cobraron entre 10 y 15% de «moche» y el resto del dinero lo entregaron a empresas ilegales.

Por actuar como bisagra del fraude entre 2013 y 2014, la Universidad Autónoma del Estado de México obtuvo 213 millones de pesos; la Universidad Autónoma del Estado de Morelos, 61 millones de pesos; y la de Tabasco, 128 millones de pesos; aunque, finalmente, no se sabe dónde quedó el dinero.

Jorge Olvera García estuvo al frente de la institución mexiquense entre 2013 y 2017, cuando ocurrieron los desvíos con las dependencias, pero dejó a la Universidad con un déficit de mil 280 millones de pesos.[3] Nadie le pidió cuentas y, en cambio, fue premiado. A tres meses de concluir el cargo, el Congreso estatal —con mayoría priista— lo eligió como presidente de la Comisión de Derechos Humanos del Estado de México.[4]

La Universidad Autónoma del Estado de Morelos tenía un déficit de mil 320 millones de pesos[5] hasta 2017, por los gastos de la plantilla laboral y los gastos por pensiones y jubilaciones de los trabajadores. Según el exrector de la Universidad, Alejandro Vera, justamente por los problemas financieros de la institución es que aceptó hacer convenios con la Sedesol, pese a que los servicios pactados, como la compra y reparto de artículos en los municipios más pobres del país, claramente eran ajenos a la investigación o la actividad docente.

Los convenios «es parte de lo que se tiene que hacer para poder sufragar una serie de cargas contractuales, particularmente, prestaciones no reconocidas, pensiones y jubilaciones, y para lo cual no tenemos subsidios. Firmamos este tipo de contratos para tener algún recurso adicional que nos permita ir enfrentando esta situación financiera. Esa es la razón», dijo en una entrevista.

Vera concluyó su rectorado en noviembre de 2017 y, días después, la Fiscalía de Morelos giró una orden de aprehensión en su contra y de su esposa, María Elena Ávila, por el delito de enriquecimiento

[3] Esquivel, Yamel, «Atribuye rector déficit de recursos al crecimiento acelerado de la UAEM», *Transeúnte*, 30 de octubre de 2017.

[4] Jiménez Jacinto, Rebeca, «Eligen a Jorge Olvera como nuevo ombudsman del Edomex», *El Universal*, 3 de agosto de 2017.

[5] Rivera, Salvador, «Detalla la UAEM a la SEP causas de déficit financiero», *La Unión*, 18 de julio de 2017. En: https://www.launion.com.mx/morelos/politica/noticias/109903-detalla-uaem-a-la-sep-causas-de-deficit-financiero.html.

ilícito. Entre los elementos al respecto está que ambos poseen cuatro propiedades por un valor de 10 millones de pesos, aunque los dos se han dedicado sólo a la academia.[6]

Sin embargo, gracias a un amparo no fue detenido, Vera aseguró que es un «perseguido político» y que las acusaciones son una «revancha» del gobernador de Morelos, Graco Ramírez, luego de que el rector respaldó la exigencia de familiares de desaparecidos de identificar los cuerpos encontrados en una fosa clandestina en el municipio de Tetelcingo en 2016.[7]

* * *

El llamado hecho por la Asociación Nacional de Universidades no surtió efecto en el presupuesto para 2018 y la Secretaría de Educación Pública mandó un mensaje muy claro en octubre de 2017 a través del subsecretario de Educación Superior, Salvador Jara Guerrero.

Durante una reunión con las siete universidades en quiebra, Jara los exhortó a «no comprometer lo que no puedan cumplir y evitar erogaciones no comprendidas en el presupuesto autorizado» y, con ello, cumplir «el estricto apego» a la Ley de Disciplina Financiera para que las finanzas universitarias sean sostenibles.[8]

---

[6] Sánchez, Gustavo, «Alejandro Vera y su esposa poseen inmuebles con valor de 11 mdp», *Noticieros Televisa*, 13 de noviembre de 2017. En: http://noticieros.televisa.com/ultimas-noticias/estados/2017-11-13/alejandro-vera-y-su-esposa-poseen-inmuebles-valor-11-mdp/.

[7] Ureste, Manu, «Las fosa de Morelos tiene el patrón de los zetas: las claves del informe de Tetelcingo», *Animal Político*, 24 de agosto de 2016. En: http://www.animalpolitico.com/2016/08/fosa-morelos-los-zetas-informe-tetelcingo/.

[8] UABJO, «Ante SEP, rectores de Universidades estatales urgen rescate financiero», Universidad Autónoma Benito Juárez de Oaxaca, 19 de octubre de 2017. En: http://www.uabjo.mx/ante-sep-rectores-de-universidades-estatales-urgen-rescate-financiero.

Por su parte, los diputados federales también ignoraron el llamado de auxilio al recortar el presupuesto en la partida dirigida, justamente, a atender el problema de pensiones y jubilaciones. En el presupuesto de egresos para 2018 sólo se etiquetaron 700 millones de pesos para la Atención de Problemas Estructurales de las Universidades Públicas Estatales (UPE), lo que supone una reducción de 74% con respecto a 2016, cuando recibieron 2 mil 713 millones de pesos.[9]

Aunque esto significa que las instituciones están ahorcadas financieramente, no justifica en absoluto que cometan presuntos delitos y, mucho menos, que sus autoridades utilicen su puesto y el nombre de las universidades para hacerlas «bisagras» de un fraude. «Poner como pretexto la condición de crisis, no libera de responsabilidad a las instituciones de triangular recursos como ellos lo hicieron. Es imperdonable el asunto de corrupción que hubo en estas operaciones. No tiene justificación, ni pretexto», sostiene Roberto Rodríguez, integrante del Sistema Nacional de Investigadores y experto en educación superior.

El rector de la UNAM, Enrique Graue, aseguró que la reducción presupuestal atenta contra la educación superior del país, pero los desvíos «son inaceptables» en instituciones que tienen la obligación de usar los recursos de manera escrupulosa y transparente. «Los responsables deben rendir cuentas de sus acciones y responder por sus actos; pero las instituciones de educación superior no pueden ni deben ser castigadas todas por el indebido actuar, en algunos casos, de un puñado de autoridades o administradores irresponsables», dijo Graue.[10]

---

[9] Moreno, Teresa, «Presupuesto de educación Superior baja 74% en tres años», *El Universal*, 23 de noviembre de 2017. En: http://www.eluniversal.com.mx/nacion/politica/presupuesto-de-educacion-superior-baja-74-en-3-anos.

[10] Hernández Borbolla, Manuel, «3 de las 7 universidades en quiebra por malos manejos, participaron en desvíos millonarios en complicidad con el gobierno»,

La educación no es prioridad

La primera reforma estructural en la administración del presidente Enrique Peña Nieto fue la educativa; ésta fue promulgada apenas tres meses después de asumir el cargo. A cada oportunidad reiteraba que el tema era una prioridad para su gobierno porque buscaba «convertir a la educación en la fuerza transformadora del país».[11]

Cinco años después, la realidad distaba de su promesa. Hasta 2016, México seguía en el último lugar en resultados educativos entre los 35 países integrantes de la Organización para la Cooperación y Desarrollo Económicos (OCDE). En los resultados del Programa para la Evaluación Internacional de Alumnos (PISA) 2015, los estudiantes mexicanos de 15 años consiguieron en promedio 419 puntos en la evaluación de sus habilidades en matemáticas, ciencias y lectura, muy por debajo del promedio de 492 puntos que consiguen los alumnos de los países miembro.[12] Estos resultados eran una fotografía «no buena del sistema educativo mexicano», dijo Gabriela Ramos, directora de gabinete de la OCDE. Cuando presentó los resultados para México, aseguró que el desempeño de sus estudiantes «siempre fue decepcionante y sigue siendo decepcionante».[13]

Si bien los efectos de cualquier reforma no son inmediatos, la Reforma Educativa no tuvo como prioridad la formación de los

Huffington Post, 22 de noviembre de 2017. En: http://www.huffingtonpost.com.mx/2017/11/22/3-de-las-7-universidades-en-quiebra-por-malos-manejos-participaron-en-desvios-millonarios-en-complicidad-con-el-gobierno_a_23285786/.

[11] Redacción, «Peña nieto promulga la reforma educativa», *Animal Político*, 25 de febrero de 2013. En: http://www.animalpolitico.com/2013/02/pena-nieto-promulga-reforma-educativa/.

[12] OCDE, *Programa para la Evaluación Internacional de Alumnos (PISA) 2015*, OCDE, México, 2016. En: http://www.oecd.org/pisa/PISA-2015-Mexico-ESP.pdf.

[13] Moreno, Teresa, «OCDE: México, 15 años en el último lugar de educación», *El Universal*, 6 de diciembre de 2016. En: http://www.eluniversal.com.mx/articulo/nacion/sociedad/2016/12/6/ocde-mexico-15-anos-en-el-ultimo-lugar-de-educacion.

alumnos, sino la modificación en las condiciones de trabajo de los maestros, de ahí que la disidente Coordinadora Nacional de Trabajadores de la Educación (CNTE) la llamó una «reforma laboral».[14]

Entre las modificaciones planteadas estaba que los futuros maestros sólo podían ingresar al servicio docente a través de exámenes de selección, lo que evitaría la venta de plazas docentes, tal como ocurría; que los profesores en activo fuesen evaluados periódicamente y, de no conseguir resultados favorables, fueran retirados de la práctica docente. También se contemplaba que pudieran ser despedidos después de tres faltas consecutivas. Para concretar estas acciones, se creó el Sistema Nacional de Evaluación, coordinado por el Instituto Nacional para la Evaluación Educativa (INEE), el cual se convirtió en un organismo autónomo. El último paso fue la creación del «nuevo modelo educativo» para que los estudiantes cambiaran la memorización por el razonamiento.

Aún así, la reforma educativa sólo se refirió a los niveles preescolar, primaria y secundaria, olvidándose del resto. «Hubo una ausencia de políticas en el sexenio que tuvieran por objeto la educación superior», dice el investigador Roberto Rodríguez. Y el presupuesto lo confirma. En 2018, el rubro de Educación Superior tuvo el menor presupuesto en todo el sexenio de Peña Nieto. Apenas se destinaron 111 mil 642 millones de pesos,[15] una cifra menor, incluso, al primer año de gobierno, 2013, cuando se asignaron 112 mil millones de pesos.[16]

---

[14] López Aguilar, Martha de Jesús, «¿Reforma Educativa o reforma laboral?», *Sección 9 CNTE*, 16 de diciembre de 2013. En: https://cntesección9.wordpress.com/2013/12/16/reforma-educativa-o-reforma-laboral/.

[15] *Presupuesto de Egresos de la Federación 2018*, En: http://www.pef.hacienda.gob.mx/work/models/PEF2018/docs/11/r11_afpe.pdf.

[16] Cámara de Diputados, *Proyecto de presupuesto de egresos de la Federación 2017. Función educación*, Centro de Estudios de las Finanzas Públicas de la

Estos datos pueden dar una pista de los indicadores que ubican a México como el país de la OCDE con menos estudiantes universitarios. El informe *Panorama de la Educación 2017* reveló que sólo dos de cada 10 jóvenes mayores de 25 años ha tenido acceso a estudiar una carrera universitaria en el país.[17]

Prostitución de las (inmaculadas) universidades

En México, las universidades gozan de un prestigio merecido. Instituciones públicas de educación superior, como la Universidad Nacional Autónoma de México (UNAM) o el Instituto Politécnico Nacional (IPN) son frecuentes en las listas de las mejores universidades de América Latina y el mundo por la reputación de sus investigaciones, la calidad del profesorado y el número de aspirantes que, año con año, saturan las listas de acceso en busca de una plaza. Sin embargo, ese reconocimiento no sólo lo dicta un *ranking*: históricamente, la universidad no sólo se ha mantenido en el ideario general como la formadora de profesionales en cada materia, también de personas con valores como la honestidad, la responsabilidad y la cultura del esfuerzo y el trabajo. Incluso, han sido la puerta del ascenso social.

A esto, muy probablemente, ha contribuido que, en un país donde la corrupción es un problema endémico, la universidad pública se había mantenido alejada de los grandes escándalos de fraudes. Pero desde 2010, un puñado de universidades públicas estatales se ha encargado de ir resquebrajando esa imagen casi «impoluta» que tenían muchas casas de estudio, algunas incluso centenarias.

Cámara de Diputados, 9 de noviembre de 2016. En: http://www.cefp.gob.mx/publicaciones/nota/2016/noviembre/notacefp0442016.pdf.

[17] OCDE, *Panorama de la Educación 2017*, OCDE, México, 2017. En: http://www.oecd.org/edu/skills-beyond-school/EAG2017CN-Mexico-Spanish.pdf.

Ese año 2010, la Auditoría Superior de la Federación detectó las primeras señales de que universidades públicas le «estaban entrando» a un sistema de fraude en el que juegan un papel clave como «bisagra» para desviar miles de millones de pesos del erario.

Y si en 2010 sólo fue una universidad la que le «entró» —la Autónoma de Nuevo León—, pronto fueron 2... 3... 4... 5... hasta ser 8 las documentadas por la presente investigación, aunque no son las únicas. En las cuentas Públicas 2015 y 2016, la Auditoría encontró el mismo esquema de fraude de La Estafa Maestra en la Universidad Autónoma de Zacatecas y la Universidad Politécnica del Sur de Zacatecas, además de otras tres universidades del Estado de México.[18]

Pero ¿por qué lo consintieron las universidades? ¿Por qué entrar al mecanismo de fraude, cuando aún gozaban de prestigio y credibilidad?

Un elemento que puede aproximar a la respuesta, sin justificar ni un ápice a las universidades que violaron la ley, es que reciben poco presupuesto y tienen demasiados compromisos financieros, como pagar las pensiones de sus trabajadores. O, tal vez, otra hipótesis es que los rectores tuvieron que hacer o devolver favores políticos a los gobernadores que los ayudaron a llegar al cargo. O, simplemente, le «entraron» al fraude porque podían hacerlo. Porque a pesar de las auditorías y de las denuncias penales presentadas por la ASF desde 2010 a la fecha, el sistema de corrupción los protege.

* * *

---

[18] Las seis universidades auditadas son: Universidad Politécnica del Sur de Zacatecas, Universidad Tecnológica de Salamanca, Universidad Politécnica de Texcoco, Universidad Tecnológica de Nezahualcóyotl, Universidad Tecnológica del Sur del Estado de México y Universidad Autónoma de Zacatecas. Fuente: Auditoría Superior de la Federación.

La Unacar es, quizá, el ejemplo más claro de que La Estafa Maestra no es cosa de un funcionario corrupto, ni de una «oveja negra» descarriada, tampoco de un fraude que se cometiera de manera puntual en una administración.

Sólo entre 2012 y 2014, la Unacar y Pemex firmaron 45 convenios por un total de 3 mil 957 millones de pesos , según información obtenida por transparencia pública. De éstos, la ASF pudo analizar sólo una muestra: 11 convenios por un valor total de mil 157 millones de pesos que fueron firmados por dos rectores diferentes. En los 11 casos, la Unacar violó la ley para desviar los recursos. El exrector Sergio Augusto López Peña firmó cinco de los convenios en 2012 por un monto de 309 millones para dar supuestos servicios a Petróleos Mexicanos. Pero la Unacar no tenía la capacidad para hacerlo y, entonces, subcontrató a 12 empresas que o bien no tienen antecedentes registrales en la Secretaría de Economía, están incluidas en la lista del SAT de presuntas fantasma o, sencillamente, no tienen ni dirección donde localizarlas.

Sin embargo, el exrector no fue sancionado por la firma de ninguno de esos convenios. En realidad, no fue ni despedido. Él mismo renunció en agosto de 2013 después de otro escándalo de corrupción: durante su gestión, presuntamente, se desviaron a tres empresas fantasmas otros 400 millones de pesos del Instituto de Educación de Aguascalientes. Un caso por el que, hasta dos años más tarde, en 2015, la Contraloría Interna de la Unacar lo multó con 20 años de inhabilitación y 379 millones de pesos.

López Peña fue sustituido en el cargo por José Antonio Ruz Hernández, quien, lejos de denunciar los malos manejos de su antecesor, firmó nuevos convenios. De hecho, el nuevo rector tardó sólo 13 días en firmar con Pemex-PEP «su» primer convenio por 83 millones de pesos, en el que el esquema de fraude empleado es idéntico. En algo más de un año, entre agosto de 2013 y 2014, Ruz Hernández firmó al menos seis convenios —cinco con Pemex-PEP y uno con Sagarpa-Senasica— por 848 millones de pesos que fueron desviados a 25 empresas irregulares. En estos convenios, incluso, el sistema de fraude se aplicó de manera tan «burda» que no debió de ser realmente complicado para los auditores de la ASF encontrar las irregularidades. Por ejemplo, para dar asesorías especializadas a Pemex se subcontrató a empresas que se dedican a organizar charreadas y peleas de lucha libre, así como a compañías que venden zapatos, productos de limpieza, ropa y bisutería, como se expuso en el capítulo cuatro de este libro. Aquí otro ejemplo: para justificar las supuestas asesorías realizadas a Pemex-PEP en 2013, la Universidad le presentó a la ASF contratos con empresas como MC Tecnologies S. A. de C. V., que fueron firmados un año antes, en 2012.

A causa de estos convenios, la Unacar aún tiene 11 observaciones pendientes ante la ASF por más de 820 millones de pesos,[19] cuyo destino no ha sido aclarado por la Universidad. Sin embargo, al igual que su antecesor, Ruz Hernández tampoco ha sido investigado ni mucho menos sancionado. Al contrario, en junio de 2017 fue reelecto como rector hasta el próximo 2021.

Pero la Unacar no fue la única universidad que perpetuó el sistema de fraude a lo largo de diferentes administraciones.

Otro caso notable es el de la Universidad Popular de la Chontalpa, en el que hasta tres rectores diferentes firmaron nueve convenios por 779 millones de pesos con Pemex-PEP, de los cuales, 730 millones desaparecieron entre 18 compañías fraudulentas, y los 49 restantes se los quedó la universidad como comisión.

Es evidente que se trata de un esquema de fraude perfectamente orquestado, en el que una misma empresa, Maheca S. A. de C. V., obtuvo contratos durante las tres diferentes administraciones. Es decir, esta empresa «fundada» por un prestanombres que vive en

---

[19] Fuente: www.asfdatos.gob.mx.

una ranchería pobre de Tabasco y que trianguló recursos públicos con otras empresas fantasma, recibió de cada rector contratos que sumaron hasta 502 millones de pesos sin que nadie en la Universidad levantara una ceja.

Los exrectores en cuestión son: Pedro Javier Muñoz Vergara, José Luis Hernández Lazo y José Víctor Zárate Aguilera, quien, tras dejar la rectoría de esta universidad, compitió por el PRI (y perdió) por una diputación local en las elecciones de 2012. De los tres, sólo Víctor Zárate fue detenido en junio de 2017. No obstante, la captura tampoco fue por ninguno de los convenios fraudulentos. Según informó la Fiscalía de Tabasco, al exrector Zárate se le acusa por un delito de peculado: presuntamente, su rectorado se quedó con 30 millones de pesos de las pensiones de sus trabajadores.

* * *

La Universidad Autónoma del Estado de Morelos es el claro ejemplo de la simulación de transparencia. Para contratar a las empresas que harían los supuestos servicios demandados por la Sedesol, y por los que pagó 697 millones de pesos, hizo seis licitaciones, es decir, seis procesos para poner a competir a las compañías y, supuestamente, elegir a la mejor. Pero éstas estuvieron amañadas para hacer ganar a las empresas irregulares.

Grupo Comercializador Cónclave, Prodasa y Grupo Industrial y Servicios Yafed ganaron tres licitaciones, pero las tres son empresas fantasma declaradas por el SAT por realizar operaciones ilícitas. Mientras que Evyena Servicios y Factibilidad Empresarial son investigadas por la misma razón. La otra ganadora fue Dumago Systems Solutions, que en realidad vende computadoras, pero fue contratada para repartir despensas; Consolidación de Servicios y Sistemas Administrativos repara maquinaria, pero fue elegida para la «orientación, promoción y apoyo» del Fondo de Aportaciones para la Infraestructura Social, y Grupo Industrial y Servicios Yafed fue desmantelada.

Los procesos mediante los que ganaron en realidad sólo fueron una simulación. Por ejemplo, en la licitación LP12/2013 ganó Grupo Comercializador Cónclave y obtuvo 207 millones de pesos. Pero su representante legal, David Dávila Córdova, resultó ser el operador del Cártel de Juárez que había enfrentado un proceso judicial en 2005 por lavado de dinero. El servicio que iba a dar consistía en comprar y entregar 16 millones de gorras, tortilleros, linternas y balones, entre otros productos, para los promotores de la Cruzada Nacional contra el Hambre en 13 entidades del país.

La licitación fue abierta el 26 de septiembre de 2013 y un día después la Universidad anunció a Cónclave como ganador. El 8 de octubre se hizo el pedido y, al siguiente día, supuestamente, ya había entregado productos en 214 municipios, según los oficios enviados a la Auditoría. Y aunque en la licitación hubo más empresas participantes, éstas tampoco eran legales, como Bombasa S. A. de C. V., que no estaba registrada en la Secretaría de Economía y cuyo representante legal era Luis Antonio Mendoza Ángeles, un chofer en la Subprocuraduría Especializada en Investigación de Delincuencia Organizada (SEIDO) de la PGR.

Según su declaración patrimonial en el sistema de servidores públicos, Mendoza Ángeles trabajó en Advanced Computer Knowledge, otra empresa irregular que, sin hacer servicios, recibió por este mismo contrato recursos de Grupo Comercializador Cónclave.

En la licitación también participó Comercializadora Gear S. A. de C. V., pero fue descartada porque su representante legal, Juan José Durán García, exdelegado estatal del Instituto Nacional para la Educación de los Adultos (INEA) ni siquiera entregó copia de su credencial de elector ni comprobante de domicilio.

La compañía Comercializadora y Distribuidora Kardiel S. A. de C. V. fue la cuarta participante, pero fue descalificada por «no acreditar facultades legales». La empresa tampoco tiene registro ante Economía y el representante legal, Román Merino Espinosa, es jefe de Departamento en la Fiscalía Especializada para la Atención de Delitos contra la Salud de la PGR desde el 16 de junio de 2001.

Aun con esa evidencia, tanto la Sedesol como la Universidad de Morelos sostienen que los servicios se hicieron, mientra el exrector Alejandro Vera dijo que las empresas presentaron documentos en regla y, por eso, se deslindaba de responsabilidades.

—¿Quién les dijo que contrataran a esas empresas?

—A nosotros no nos dicen. Si las empresas llegan con una información privilegiada esa es otra cosa. Nuestra licitación fue pública y abierta, como pasa con el resto de licitaciones.

—Entonces, ¿las empresas los engañaron?

—No, yo no podría decir que nos engañaron, porque la documentación obra en nuestros archivos. Y es una documentación que se verificó y toda estaba conforme a la normatividad.

—Pero contrataron a empresas fantasma.

—Sí, pero ya no nos toca determinar si son o no son [fantasma]. A nosotros no nos toca determinar si la información que presentan [las empresas] es o no es falsa.

—La universidad asegura que tiene documentos de prueba sobre los servicios, pero las empresas no existían. ¿Esto qué le causa?

—Me causa un encabronamiento. En serio, no nos merecemos esto como mexicanos, como país, como universidad. Y si nos usaron, que paguen los que tengan que pagar. Yo no voy a tapar a nadie. Ni voy a ser cómplice de nadie. Me parece infame lo que hacen.

—En un proceso de autocrítica, ¿cuáles fueron los errores por parte de la universidad en estos convenios?

—No tenemos que estar firmando eso [los convenios]. No tenemos por qué meternos y ser utilizados de esa manera. Esa es la autocrítica. Es el tema de decir: ¿por qué fregados nos utilizan? Firmamos contratos de buena fe.

—¿Quién los utiliza?

—¿Cómo que quién?

—¿Los utilizaron las empresas, el gobierno?

—Pues yo creo que ahí es donde ya tienen que ver dónde está el entramado. Pero créanme, no somos las universidades. Al menos ésta no. [La Universidad Autónoma del Estado de Morelos] no es cómplice y no va a ser cómplice de nadie.

—¿Habría riesgo de que esto volviera a suceder?

—Sí, estamos en un gran riesgo. Yo creo que todos estamos en un gran riesgo, y es muy importante que se apliquen las medidas conducentes para que cuando tú veas una empresa que participa, pues tengas la seguridad de que es una empresa que está legalmente constituida.

* * *

«A la opinión pública le ha quedado claro que las universidades están encubriendo este tipo de prácticas y eso erosiona la confianza en estas instituciones que tienen un gran prestigio», dice el investigador Roberto Rodríguez.

Si bien es cierto que no todas las universidades han realizado este tipo de actos, es imprescindible que no vuelva a ocurrir. La mejor manera de evitarlo es investigando y deslindando responsabilidades.

Aunque la autonomía universitaria prevé la figura de Contraloría interna que, en teoría, debería vigilar la administración y señalar las posibles irregularidades, en este caso no ocurrió. Ninguna contraloría de las universidades implicadas en La Estafa Maestra detectó los convenios irregulares con las dependencias ni las contrataciones de empresas ilegales al concluir los ejercicios fiscales de 2013 y 2014. «Ahí las universidades tienen responsabilidad y no han cumplido con su misión», sostiene Pedro Flores Crespo, miembro del Sistema Nacional de Investigadores (SNI).

Advierte que el problema no es la autonomía universitaria, «porque los universitarios sabemos autorregularnos, pero si los incentivos y las reglas están puestas de manera invertida, es probable que estas malas prácticas puedan reproducirse». Se requiere, dice, de una revisión muy a fondo del diseño institucional, de la política de financiamiento hacia las universidades, de la política de evaluación y la de vinculación.

Además tendrían que estar blindadas también de la relación política, porque como ocurre en algunos casos, los rectores son nombrados por los gobernadores o las instituciones forman parte del ajedrez político entre los grupos de poder, como ocurre en el Estado de México, lo que deriva en un «caldo de cultivo» para caer en estos actos.

Otro aspecto es que el régimen fiscal de las universidades significó una ventaja para ser bisagras del fraude. Al ser instituciones educativas, son consideradas como «no lucrativas» y están exentas de entregar reportes contables sobre las empresas que contratan como proveedores, por eso es que estuvieron fuera del radar del Servicio de Administración Tributario (SAT). La única autoridad que señaló e incluso denunció penalmente a las universidades por estos desvíos fue la Auditoría Superior de la Federación, pero hasta 2017, ningún rector de las ocho instituciones señaladas fue investigado por los presuntos delitos cometidos en La Estafa Maestra.

VI

LAS EMPRESAS FANTASMA, LA CLAVE

MANU URESTE

E l catálogo es muy amplio: desde una empresa que ganó 17 millones de pesos para darle servicios al SuperISSSTE y que, en realidad, es una tienda de paletas en una barriada industrial en el Estado de México, hasta otra compañía cuyo socio fundador vive en una ranchería pobre de Tabasco, a pesar de haber ganado contratos por más de 500 millones con Pemex.

Las empresas «fantasma» tienen diversas fachadas, pero todas son creadas para un mismo fin: la corrupción. Por eso, si bien las universidades públicas analizadas en el capítulo anterior son la «bisagra» que posibilitó La Estafa Maestra, las compañías irregulares documentadas en esta investigación son la clave que hace factible este sistema. La llave que permite que el complejo mecanismo de fraude arranque y acelere hasta desviar miles de millones de pesos.

Sin embargo, estas empresas por sí solas no «desaparecen» recursos públicos. Ni evaden impuestos, ni lavan dinero para campañas políticas. No hacen magia, pues. En realidad, requieren de todo un entramado de funcionarios corruptos que ideen la «ingeniería» de la trama para simular contrataciones con las que desviar el dinero, así como de múltiples operadores —abogados, despachos de contadores, notarios, etcétera— que la ejecuten al más puro estilo del crimen organizado, comprando a prestanombres. Y, sobre todo, estas empresas necesitan de unas autoridades que permitan y favorezcan la impunidad y la protección de los «cerebros» detrás del fraude. Unas autoridades que, bien sea por corrupción o porque materialmente están imposibilitadas para combatir a miles de empresas que a diario mutan y se reproducen, se han mostrado frágiles e inoperantes ante un verdadero «monstruo de mil cabezas».

De la evasión al desvío, ¿y a las campañas electorales?

¿Qué es una empresa «fantasma»?

Contrario a lo que se suele pensar, las empresas «fantasma» son sociedades que tienen existencia perfectamente legal sobre el «papel»; es decir, se constituyen ante notario, están inscritas en el Registro Público de la Propiedad y en el Registro Federal de Contribuyentes (RFC), tienen domicilio fiscal, cuentan con firma electrónica, y expiden facturas a través de la plataforma del SAT. Incluso, algunas de estas empresas pagan pequeñas cantidades de impuestos para disimular sus actos delictivos.

Sin embargo, cuando se visitan «en físico» se detecta rápidamente la «transa», porque son compañías que no tiene personal laborando ni capacidad para dar servicios o producir bienes, y tampoco cuentan con instalaciones ni con una infraestructura real.

Por eso, tal y como se ha expuesto a lo largo de varios capítulos de este libro, cuando se visitaron direcciones de múltiples compañías en entidades como Tabasco, Estado de México o Nuevo León, lo que se halló fueron oficinas desmanteladas, edificios abandonados, o departamentos vacíos. O, en el mejor de los casos, un cubículo donde una recepcionista atrás de un mostrador asegura que, casualmente, la empresa que se trata de localizar se esfumó hace tan sólo unas semanas. De hecho, ésa es una de las dos grandes peculiaridades que las define: desaparecen con suma facilidad. Lo que, aunado a la simulación de operaciones, ha provocado que coloquialmente las conozcamos como empresas «fantasma». La otra característica común es que son empresas cuya única misión es emitir facturas por servicios inexistentes o simulados, lo que también ha llevado a que coloquialmente se las conozca como «factureras» o «empresas fachada».

Pongamos un ejemplo muy sencillo para entender su funcionamiento. Imaginemos que una dependencia de gobierno contrata a una empresa para que haga una obra. La empresa fantasma, evidentemente, no construye nada, pero sí recibe el dinero del contrato. A cambio, ésta emite facturas que son reales, puesto que están registradas ante el SAT, pero que en términos prácticos son falsas, ya que están «legalizando» el pago de una obra que nunca se construyó, que fue simulada.

Evidentemente, el mecanismo para simular operaciones ha ido evolucionando. Por ejemplo, hay empresas fantasma que han comenzado a orientar su «giro» hacia las asesorías de múltiples tipos. ¿Por qué? Muy sencillo. Porque una obra es un bien que se puede comprobar en físico, es decir, se puede verificar rápidamente si la obra se construyó o no. Y si existe una factura, pero no existe la obra, la «transa» es más que obvia. En cambio, una asesoría es un servicio intangible mucho más fácil de simular con sólo la emisión y existencia de una factura. Por eso, cuando para esta investigación se solicitaron —vía transparencia pública— las facturas que avalaran los miles de millones en contratos que gastó Pemex-PEP, a través de las universidades, para recibir asesorías de empresas fantasma, o empresas fraudulentas, la dependencia las entregó rápidamente. Pero cuando se les solicitaron los comprobantes sociales, es decir, cualquier prueba o documento que avale que efectivamente se dieron las asesorías —fotografías, bitácoras de trabajo, bases de datos, etcétera—, ni Pemex ni las universidades los entregaron.

Luis Pérez de Acha, experto en temas fiscales, es probablemente uno de los mayores conocedores de cómo operan las empresas fantasma en México y de cómo éstas han ido evolucionando en la última década. En una entrevista, el abogado e integrante del Consejo de Participación Ciudadana del Sistema Nacional Anticorrupción explica que las empresas fantasmas fueron creadas originalmente para evadir impuestos. Y para hacerlo, tomaron el modelo de otro tipo de compañías: las llamadas *outsourcing*.

* * *

Una *outsourcing* es simplemente una compañía que es subcontratada por otra para prestarle una serie de servicios. Son empresas completamente legales, muy demandadas, por ejemplo, por grandes corporativos que subcontratan la seguridad privada o la limpieza de sus inmuebles.

El problema comenzó, cuando asesores fiscales y despachos de contadores vieron en las *outsourcing* una excelente forma para evadir impuestos bajo una fachada de legalidad. Así, grandes consorcios, clubes y asociaciones deportivas, medios de comunicación y hasta dependencias de Gobierno comenzaron a trasladar las nóminas de todo su personal a las *outsourcing*. De esta forma, no sólo se ahorraban el pago del Impuesto Sobre la Renta (ISR), sino que además no pagaban el seguro social de los empleados, las prestaciones de ley ni las indemnizaciones por despidos. Los empleados, en cambio, veían que su «patrón» ya no era la compañía para la que realmente trabajaban, sino una empresa de nombre extraño, sin instalaciones, ni empleados reales, ni equipos. Es decir, en términos prácticos su «patrón», su empleador, pasó a ser una empresa fantasma.

Sentado este precedente, a los asesores fiscales y despachos de contadores se les ocurrió entonces que estas compañías «fachada» podrían usarse para más cosas que evadir impuestos o encubrir el pago de nóminas. Se percataron de que el sistema podía evolucionar. Que los años de comprar facturas falsas en el mercado negro o de adquirir un RFC falso habían quedado en el pasado. Ahora, al poder crear una empresa perfectamente legal, con facturas electrónicas reales, podían colocar cualquier tipo de pago o servicio, aun cuando éste no se hubiera realizado nunca.

«El modelo ha ido cambiando. De evadir impuestos se pasó al desvío de recursos públicos. Y ya desviando los recursos y evadiendo impuestos, el paso obvio, estamos utilizando la lógica efectiva, era financiar campañas políticas fuera de los lineamientos marcados por la ley y la autoridad electoral», plantea el abogado antes mencionado.

En el ensayo «Los cárteles de la corrupción», publicado en la revista *Nexos*,[1] Pérez de Acha expone un claro ejemplo de cómo las empresas fachada se utilizan para financiar campañas políticas. «Pensemos el caso del patrocinador de un candidato a un puesto de elección popular, quien le dona 5 millones de pesos para su campaña. Y qué mejor que contar con un CFDI (factura electrónica) apócrifo para esos propósitos. Las ventajas son múltiples. Por una parte, las empresas fantasma son el vehículo ideal para deducir esa cantidad en el ISR y el IVA respectivo, que de otra manera serían improcedentes. Por otro lado, la factura falsa posibilita el anonimato del patrocinador y permite al candidato eludir los límites de financiamiento establecidos en la legislación electoral».

Es por esto que no resulta extraño, recalca Pérez de Acha en su artículo, que en años de elecciones federales y locales, las estadísticas del SAT reporten incrementos sustanciales en la emisión de facturas falsas. Así pasó en la elección de 2012, apunta el abogado, quien

---

[1] Pérez de Acha, Luis, «Los cárteles de la corrupción», *Nexos*, 1 de febrero de 2017. En: https://www.nexos.com.mx/?p=31264.

asegura que ese año se crearon empresas *ad hoc* para el proceso y se emitieron facturas falsas, conjuntándose una amalgama de todo tipo de delitos: evasión fiscal, delitos electorales y lavado de dinero.

Y al parecer, las «contrataciones» de estas empresas no sólo se produjeron en la elección de 2012.

En su edición del 19 de diciembre de 2017,[2] el periódico *Reforma* publicó en su portada una nota con el encabezado «Triangula SHCP millonada al PRI», en la que reveló la declaración ministerial de Jaime Herrera, exsecretario de Hacienda del gobierno de Chihuahua —cuyo exgobernador, el priista César Duarte, se dio a la fuga en marzo de 2016, luego de que fuera acusado por el delito de peculado—. De acuerdo con los documentos a los que accedió *Reforma*, el ex alto funcionario del gobierno de Chihuahua aseguró que el Comité Ejecutivo Nacional del PRI y la Secretaría de Hacienda federal acordaron la triangulación de recursos públicos para financiar campañas estatales de este partido en la elección del verano de 2016. Jaime Herrera dijo que Alejandro Gutiérrez Gutiérrez, entonces secretario adjunto del CEN del PRI, hizo gestiones para que la Secretaría de Hacienda federal, encabezada en ese entonces por Luis Videgaray —quien antes también fuera jefe de campaña de Peña Nieto, en la elección de 2012—, firmara un convenio con la Tesorería de Chihuahua por hasta 275 millones bajo el rubro de «Fortalecimiento Financiero».

Sin embargo, con ese dinero no se fortalecieron las maltrechas finanzas de Chihuahua, estado que César Duarte dejó con una deuda de 55 mil millones de pesos.[3] Los 275 millones del erario, según la declaración de Jaime Herrera, se utilizaron para financiar

---

[2] Barajas, Abel, «Triangula SHCP millonada al PRI», *Reforma*, 19 de diciembre de 2017.

[3] Sánchez, Pedro, «Dejó César Duarte deuda de 55 mil millones en Chihuahua, la más alta del país: Hacienda local», *El Sur*, 8 de noviembre de 2016. En: http://suracapulco.mx/6/dejo-cesar-duarte-deuda-de-55-mil-millones-en-chihuahua-la-mas-alta-del-pais-hacienda-local/.

tres elecciones clave para el PRI: las de Veracruz, Chihuahua y Tamaulipas. Entidades que, además, perdió el tricolor.

El verdadero crimen organizado

Abrir una empresa en México es relativamente sencillo. Primero, se acude a un notario para constituir la empresa. El único requisito es que sean dos socios, uno de los cuales puede fungir como representante legal. Segundo, con el acta ya expedida, el notario la preinscribe en el SAT a través de internet y tramita la clave del RFC. Y, tercero, quien haya sido nombrado como representante legal acude en persona al SAT para, en un mismo día, tramitar la firma electrónica y así poder emitir facturas. Por último, se acude a un banco a dar de alta una cuenta, y listo.

Incluso, estos cuatro pasos se han simplificado aún más desde febrero de 2016, tras la última reforma a la Ley General de Sociedades Mercantiles, en la cual la Cámara de Diputados aprobó una figura que se denomina Sociedades por Acciones Simplificadas (SAS). En esencia, esta figura busca la creación de empresas a través de internet hasta en un solo día y a costo cero, favoreciendo la reducción de trámites burocráticos que complicaban y encarecían la constitución de una compañía. Con esta reforma ya no es necesario acudir ante un notario porque el proceso se puede hacer en línea. Además, se pueden crear empresas de manera unipersonal, debido a que ya no se requiere tener un socio para crearla. «Nunca antes había sido tan sencillo, rápido y económico iniciar una empresa», presumió el presidente Peña Nieto durante la entrega del premio nacional del emprendedor 2015.[4]

---

[4] «¡Ahora ya podrás constituir tu empresa en 24 horas!», *Expansión*, 11 de marzo de 2016. En: http://expansion.mx/economia/2016/03/11/pena-promulga-reforma-a-la-ley-de-sociedades-mercantiles.

Y según las estadísticas, parece que es cierto: en 2008, México ocupaba el lugar 75 de 180 países en la lista *Doing Business* del Banco Mundial, que mide la facilidad para abrir una empresa y poder hacer negocios en un país. Para 2016, México había avanzado 10 lugares, hasta la posición 65. Y, según el último informe de 2017,[5] México escaló otros 18 puestos hasta situarse en el lugar 47, por delante de naciones como Brasil, Chile e Italia.

Pero no todo son buenas noticias. La facilidad para abrir rápidamente una sociedad mercantil a través de internet también ha generado que, evidentemente, constituir empresas fantasma sea algo rápido, sencillo y económico.

También las estadísticas oficiales[6] así lo evidencian: en junio de 2014, cuando el SAT comienza a publicar su «lista negra» de sociedades que simulan operaciones, tan sólo ocho empresas fueron declaradas oficialmente como «fantasma». En junio de 2015, la cifra aumentó a 248. Menos de un año después, cuando en mayo de 2016 se publicó la investigación «Las Empresas Fantasma de Veracruz», la cifra se disparó a 681. Y para noviembre de 2017, ya sumaban 2 mil 181 empresas declaradas oficialmente como fantasma.

Osvaldo Santín, jefe del SAT, estima que esas miles de empresas fantasma han facturado operaciones inexistentes por más de 900 mil millones de pesos.[7] Toda una fortuna con la que, por ejemplo, se podría pagar dos veces el presupuesto de la Secretaría de Educación

---

[5] WBG, *Doing Business 2017*, WBG, 2017. En: http://espanol.doingbusiness.org/~/media/WBG/DoingBusiness/Documents/Annual-Reports/English/DB17-Full-Report.pdf.

[6] SAT, *Contribuyentes publicados y acciones contra la delincuencia*, SHCP, México. En: http://www.sat.gob.mx/cifras_sat/Paginas/datos/vinculo.html?page=PorMot Pub.html.

[7] Redacción, «Empresas fantasma en México han facturado hasta 900 mil mdp: SAT», *Animal Político*, 7 de marzo de 2017. En: http://www.animalpolitico.com/2017/03/empresas-fantasma-sat/.

Pública para este 2018 o pagar 15 veces el presupuesto para los servicios de educación superior, o hasta 20 veces el costo de la UNAM, la máxima casa de estudios del país.[8]

Los focos rojos que alertaron de este aumento masivo de empresas fantasma, señala un exfuncionario del SAT que pide no revelar su nombre, comenzaron a prenderse tras detectar múltiples compañías con socios cuyos perfiles socioeconómicos evidenciaban que no tenían la capacidad para cumplir con los servicios. Un ejemplo muy claro es el caso expuesto en el primer capítulo de este libro, cuando se detalló que Francisco N., el supuesto socio fundador de una compañía millonaria, es en realidad un prestanombres que labora como conserje en la escuela de una ranchería.

Otro foco de alerta se encendió cuando empresas con giros comerciales totalmente distintos para los que eran contratadas empezaron a ganar millones para dar supuestos servicios; esto es que una empresa que se dedica a organizar charreadas o a vender zapatos, por ejemplo, fuera contratada para dar asesorías a Pemex.

Si hay un elemento común que activa todas las alertas, subraya el exfuncionario del SAT, es que una empresa de «reciente creación» gane contratos por cientos de millones de pesos de la noche a la mañana. «No hay un empresario que gane millones rápidamente, sólo que seas Starbucks o franquicias ya muy consolidadas. Pero un proveedor no va a ganar contratos millonarios a los meses de haberse creado la empresa. Eso sólo sucede si detrás hay una trama de corrupción», apunta el exfuncionario.

¿Y quién o quiénes están detrás de esa trama? El verdadero crimen organizado.

* * *

---

[8] El presupuesto aprobado para la UNAM en 2018 es de 43 mil 196 millones de pesos.

Una empresa fantasma por sí sola no sirve para nada, no funciona. Requiere de toda una «ingeniería» ideada y operada por abogados, contadores públicos, notarios, asesores financieros y ejecutivos de bancos. Y, evidentemente, se necesita del contubernio de funcionarios en el Gobierno, para simular contratos de obra o de prestación de servicios con dichas empresas, maquillando licitaciones o adjudicaciones directas, para que el dinero público fluya y se reparta entre los bolsillos de la corrupción.

Luis Pérez de Acha explica que ese «conjunto de agentes», de abogados y contadores, son los operadores de la trama; esto es, son quienes se encargan de buscar a prestanombres para constituir las empresas. Algunas veces, estos prestanombres dan su credencial de elector porque les ofrecen apoyos de todo tipo; en otras, porque los amenazan o extorsionan; y, en muchas otras, porque les dan unos pocos pesos para que sus datos personales sean los que figuren en las actas de la sociedad, siendo ellos quienes quedan expuestos ante la autoridad en caso de ser descubiertos.

En otros casos, el mecanismo para «fabricar» accionistas al por mayor es aún más rápido y sencillo: los operadores falsean documentación o roban las identidades de personas. De tal forma que, en muchos casos, los prestanombres se enteran de que lo son cuando el SAT inicia una investigación en contra de ellos y la empresa de papel de la que eran supuestamente dueños ya se esfumó.

Posteriormente, añade el abogado, con las credenciales de los prestanombres se abren cuentas de cheques, en las que las firmas registradas son las de los operadores reales de la trama delictiva. Así, éstos se aseguran el control del dinero en todo momento. Y por último, los rendimientos de las transacciones por servicios simulados se transfieren a los verdaderos dueños del negocio que permanecen ocultos en la sombra o a las personas que estos designen, por lo general familiares u otros operadores allegados a ellos.

En definitiva, se trata de una trama «plenamente armada» en la que los verdaderos dueños del negocio ganan millones asumiendo riesgos mínimos, puesto que los prestanombres, que viven en rancherías o en colonias marginales, son quienes ponen la cara por ellos sin recibir un solo céntimo de las ganancias.

«Estamos ante empresas que desvían recursos, lavan dinero y actúan como delincuencia organizada —subraya Pérez de Acha—. Es un verdadero cártel de corrupción».

El monstruo de mil cabezas y la lucha que no tiene fin

Para combatir la proliferación de las empresas fantasma, en 2014 se añadió el artículo 69-B al Código Fiscal de la Federación, a partir del cual se empoderó al SAT para detectarlas y dejar sin efecto las facturas que éstas emiten para, a su vez, cortarles el flujo de dinero. Con el artículo 69-B, el SAT comenzó a publicar su «lista negra», a la que técnicamente llama una lista de EFOS: Empresas Facturadoras de Operaciones Simuladas.

El procedimiento para integrarla es el siguiente: Primero, a partir de la detección de focos rojos como los ya expuestos —la empresa no se encuentra en la dirección reportada, sus socios son prestanombres, etcétera—, el SAT incluye a las sociedades en una primera lista de «presuntas fantasma». A partir de ese instante, los dueños de la empresa reportada tienen 30 días hábiles para demostrar que, en efecto, son una compañía real que tiene infraestructura, activos, personal y la capacidad para realizar servicios o producir bienes. En caso de que así lo comprobaran, la empresa pasaría a la lista de «desvirtuados». Segundo, si los contribuyentes no desvirtúan esa presunción, el SAT emite entonces nuevas listas en las cuales la acusación queda firme y el calificativo de «empresa fantasma» ya es definitivo. Estas listas se publican también en el *Diario Oficial de la Federación* para advertir que nadie puede hacer negocios con estas sociedades.

La inclusión de una empresa en la lista definitiva implica automáticamente que las facturas que emitió son inválidas y que los contribuyentes que las utilizaron deben corregir su situación fiscal o, bien, demostrar que efectivamente adquirieron los bienes o recibieron los servicios de parte de estas empresas. Otra consecuencia legal es que tanto las empresas fantasma como los contribuyentes que «interactuaron» con ellas incurren principalmente en el delito de defraudación fiscal. Mientras que en el caso de funcionarios públicos implicados, los posibles delitos podrían ser por peculado —que es la apropiación indebida de dinero del Estado—, lavado de dinero —el ocultamiento de esos recursos de procedencia ilícita— y delincuencia organizada —para esto basta con que tres personas o más se organicen en forma permanente o reiterada para operar los recursos de procedencia ilícita.

Ahora bien, «ventanear» a las empresas fantasma no soluciona el problema, tal y como reflejan las estadísticas cada vez más abultadas de EFOS. O, al menos, parece una medida que por sí sola es insuficiente ante la incapacidad material del SAT, así como de la Unidad de Inteligencia Financiera de la Secretaría de Hacienda, para investigar una por una todas las empresas que simulan operaciones. Así lo prueba, por ejemplo, que el SAT no tenía identificadas a ninguna de las compañías que desviaron cientos de millones de pesos del erario antes de la publicación de Las Empresas Fantasma de Veracruz, o que tras la publicación de *La Estafa Maestra*, la autoridad tributaria incluyera en su lista de «presuntas» a otras 38 sociedades que antes de la publicación no tenía en su radar.[9]

---

[9] Ureste, Manu y Roldán, Nayeli, «SAT investiga a empresas de La Estafa Maestra: suman 38 que ganaron 2 mil 642 mdp», *Animal Político*, 22 de diciembre de 2017. En: http://www.animalpolitico.com/2018/01/sat-boletina-14-nuevas-empresas-desaparecieron-500-mdp-la-estafa-maestra/.

¿Qué se puede hacer, entonces, para combatir la proliferación de empresas fantasma?

No hay una respuesta exacta a esta pregunta. Pero tanto el abogado Pérez de Acha como el exfuncionario del SAT entrevistado coinciden en subrayar que la raíz del problema no se va a cortar atacando empresa por empresa, como tampoco encarcelando a un puñado de operadores, o a uno de los cerebros, por muy mediático que resulte el caso. «El problema no se corrige metiendo a la cárcel al exgobernador Javier Duarte», asevera el exfuncionario del SAT. «El problema se soluciona desmantelando toda la estructura de complicidades que permiten y alimentan la existencia de estas empresas. Por ello, la clave es seguir la fuente del dinero para cortar la simulación».

El abogado Pérez de Acha coincide con esta opinión: si bien admite que la reforma legal del Artículo 69 y las listas de EFOS han supuesto «un paso muy interesante» que dio origen a «un instrumento muy poderoso» para combatir a las empresas fantasma, por otro lado, cree que hay señales de que «las autoridades se quedaron muy rezagadas» en el combate a este problema, por lo que es necesario «cambiar el enfoque». De lo contrario, advierte, México seguirá inmerso en «una lucha que no tiene fin». «No es fácil ir buscando caso por caso quiénes son los verdaderos delincuentes. Hoy, un grupo delictivo arma mil empresas fantasmas y sí, tal vez puedas detectar una e incluirla en la lista, pero te quedan otras 999. Y aunque las cierren, mañana pueden abrir otras mil más, de tal manera que nunca terminan las investigaciones», explica Pérez de Acha, quien opina que la clave de este combate reside en pensar qué mecanismos de fiscalización permitirían «cerrar el flujo del dinero» a las empresas fantasma. Así, «el flujo de dinero te va a llevar hasta los verdaderos autores intelectuales de toda la trama —recalca el abogado—. Pero si las autoridades sólo se centran en ir contra las empresas o los prestanombres, entonces los resultados van a ser muy pobres».

Otra alternativa lógica sería combatir a los despachos de contadores que, tal y como señaló la Fiscalía de Tabasco en el capítulo tres de este libro, se dedican a «alquilar» prestanombres en colonias pobres para «fabricar» empresas fantasma al por mayor. Aunque eso tampoco va a resultar tarea fácil. «Hay que tener en cuenta que se trata de gente que opera profesionalmente —hace hincapié el abogado—. Tienen sus actividades profesionales en un estado de la República y las empresas fantasma operando en otro estado del país. Está todo cruzado. Hay muchos monstruos de mil cabezas que combatir».

En cuanto a la labor del SAT en el caso de La Estafa Maestra, la cual hasta ahora se ha limitado únicamente a incluir a sociedades que participaron en la trama en la lista de «presuntas fantasma» —al contrario de lo que sucedió con el caso de Las Empresas Fantasma de Veracruz, en el que el SAT sí indagó sobre los bienes, los operadores y las cuentas del exgobernador Javier Duarte—, Luis Pérez de Acha opina que la falta de resultados puede deberse a dos motivos principalmente: Uno, que materialmente es imposible fiscalizar a todas las empresas que están operando en el país. Y, dos, habría que investigar si detrás de estas empresas fantasma no hay personas que gocen de protección política.

Precisamente, para combatir esa «protección política», entre otros puntos, se supone que nació en 2016 el Sistema Nacional Anticorrupción, el gran proyecto de este sexenio para dar respuesta a escándalos de corrupción, entre ellos uno que tuvo como protagonista al propio presidente y a su esposa: *La Casa Blanca de Peña Nieto*.[10] Una revelación periodística de *Aristegui Noticias* que documentó un posible conflicto de intereses del mandatario al vivir en

---

[10] Véase Redacción, «La casa blanca de Enrique Peña Nieto (investigación especial)», *Aristegui Noticias*, 9 de noviembre de 2014. En: https://aristeguinoticias.com/0911/mexico/la-casa-blanca-de-enrique-pena-nieto/.

una casa de siete millones de dólares construida por un empresario que, durante la gestión de Peña como gobernador del Edomex, ya había recibido otros contratos de obra pública millonarios.

Ante casos como el de La Casa Blanca, y ante las trabas que está enfrentando el Sistema Nacional Anticorrupción desde su nacimiento —por ejemplo, uno de los apartados «estrella» del Sistema, la Fiscalía Especializada en Combate a la Corrupción, continúa sin un titular que la encabece—, se cuestiona a Pérez de Acha, a modo de conclusión, si cree que existen los instrumentos legales para hacer una efectiva investigación en casos de corrupción que involucren a los gobiernos en cualquiera de sus niveles:

—Por supuesto que sí, no tengo duda de eso —responde inmediatamente el abogado—. Lo que falta es voluntad constitucional, porque aun mejorando las leyes, si no existe la voluntad de investigar, nunca se va a solucionar el problema.

—¿Eso es lo que ha ocurrido en este sexenio de Peña Nieto?

Pérez de Acha esboza una ligera sonrisa.

—Yo creo que los hechos así lo demuestran —responde.

VII

LA PUNTA DEL ICEBERG

MIRIAM CASTILLO

¿Qué se puede comprar con 5 mil 208 millones de pesos? Supongamos que juntamos todos los «sueños guajiros» y un buen día ganamos una rifa de esa cantidad exacta y de buenas a primeras cae ese total en su cuenta bancaria.

¿A qué equivale ese dinero?

Las personas «de a pie» podríamos pagar una renta promedio de un departamento de unos 100 metros cuadrados en la zona céntrica de Ciudad de México durante 13 mil años.[1]

Podríamos comprar 387 mil boletos de primera fila en el Estadio Azteca del último concierto de Paul McCartney en la Ciudad de México. El ex Beatle estuvo en el país durante 2017 y los boletos de primera fila para su concierto costaron 12 mil pesos cada uno. Y se agotaron en menos de una semana. Como la capacidad del Estadio es de 87 mil personas, se podría llenar cuatro veces ese lugar por completo con boletos de primera fila. Sería casi como comprarle a toda la población de Pachuca dos boletos para entrar.

Aprovechando la fortuna y si queremos hacernos de «algo de arte», bien podríamos comprar 302 veces la última obra de Leonora

---

[1] *Metros Cúbicos*, Guía de precios por delegación. En: http://www.metroscubicos.com/precios/distrito-federal/cuauhtemoc

Carrington, «Virginia's Fish», la cual fue subastada en 15.4 millones de pesos en el último evento de la prestigiada casa de subastas Morton.[2]

Si tenemos afición por los autos, podríamos comprar mil 196 autos Ferrari 458 Coupé, modelo 2011, similar al que posee el ex Procurador General de la República, Raúl Cervantes, que tiene un precio de factura de 3 millones 890 mil pesos, y obtener su placa de circulación del estado de Morelos, para evitar pagar tenencia en la Ciudad de México, es opcional.

La caricatura anterior de cómo podrían despilfarrarse 5 mil 208 millones de pesos es sólo para dimensionar una cantidad de recursos que el gobierno tenía destinados a programas sociales, de desarrollo económico y de ayuda a paraestatales que fueron malversados sin ningún castigo, según las investigaciones hechas por los órganos de vigilancia del gasto público.

Cuatro años después de la ejecución de este gasto, los pocos señalados como responsables no tienen juicios abiertos en su contra, y del dinero se ven pocas posibilidades de recuperarlo.

Los expedientes se encuentran en la Secretaría de la Función Pública, que sólo procesa ocho de cada 100 casos y las investigaciones judiciales de la PGR tienen un bajo porcentaje de resolución. Mal síntoma en una dependencia que, además, hasta diciembre de 2017 se encontraba acéfala.

Los 5 mil 208 millones de pesos son el total de recursos federales que fueron a caer en un sistema de empresas que no cumplían con las características indispensables para dar servicios porque no tenían personal, infraestructura o experiencia. Es decir, que fue dinero de impuestos —esa reducción en su recibo de nómina o el agregado que se desglosa en la cuenta del supermercado— el que

---

[2] Redacción, *Huffington Post*, consultado el 14 de diciembre de 2017. En: http://www.huffingtonpost.com.mx/2017/12/01/15-millones-de-pesos-por-una-obra-de-carrington_a_23294543/

no llegó a su destino durante los años 2013 y 2014. Que terminó engordando cuentas de múltiples empresas que no existen.

El gran problema es que, difícilmente, éste es un caso aislado; La Estafa Maestra es más bien una muestra de un sistema que funciona permanentemente para desviar recursos del erario.

Dejando a un lado la fantasía, traduzcamos esto a algo más real y pensemos qué cosas podría hacer un gobierno con esa cantidad de recursos. De haberse ejercido el dinero, el gobierno tendría capacidad, por ejemplo, para construir y equipar cuatro hospitales, como el General de Tapachula que se construye actualmente en la colonia Llano de la Lima, en ese municipio chiapaneco.[3] Su proyecto actual tiene un costo de mil millones de pesos y prevé brindar más de un millón de servicios al año en esta zona, donde la carencia de médicos es de las más altas del país, ya que sólo hay uno por cada mil habitantes.

En los países de la OCDE hay al menos tres médicos por cada mil habitantes, lo que permite tener una mejor atención y que los servicios sean menos costosos. En México, el promedio nacional es 2.2 doctores por cada mil personas. También podrían comprarse 89 millones de vacunas contra la influenza, la presentación de estas medicinas, según las especificaciones del Seguro Popular que las adquirió,[4] contiene 10 dosis, por lo que ello equivaldría a poder vacunar a toda la población del país ocho veces. Si se hace una comparación con el presupuesto que se tenía para 2017, es el equivalente a casi dos veces lo que se necesita para la reconstrucción de las zonas dañadas por las afectaciones de los terremotos de septiembre de 2017 y que dejaron más de 300 mil damnificados en Oaxaca, Chiapas y la Ciudad de México.

El gobierno determinó en octubre de 2017 que se requerían 2 mil 500 millones de pesos para ayudar, sobre todo, a las personas

[3] Véase http://www.transparenciapresupuestaria.gob.mx/es/PTP/Obra_Publica_Abierta

[4] Presupuesto del Seguro Popular, desglose por año y por estado.

en comunidades marginadas que perdieron sus casas. Éste es un presupuesto similar al que se asignó a Sedesol y que fue desviado a través del esquema que ya conocemos.

De empresas fantasma y transferencias mágicas

Que los recursos desviados sean aquellos que estaban destinados a los más pobres es una de esas tantas crueles ironías que tiene la historia.

Los 5 mil 208 millones de pesos desviados representan 4.4% del presupuesto anual destinado a las personas con más altos índices de marginación. Es decir, a quienes tienen menos de 160 pesos diarios para vivir y mantener a una familia. En términos económicos es lo que se requiere para echar a andar, al mismo tiempo, el funcionamiento de todos los comedores comunitarios del país y la adquisición de leche subsidiada.[5] En 2013 y 2014, el Gobierno Federal tenía esos recursos y pretendía usarlos para abatir el hambre de 7.4 millones de personas. Una de las etapas para reducir los índices de marginación y pobreza.

Asimismo, parte de esos recursos se canalizarían para hacer estudios que mejoraran el desempeño de Pemex, la petrolera mexicana que genera ingresos por más de 400 mil millones de pesos anuales. Era una de las supuestas estrategias para apuntalar la paraestatal que, actualmente, pasa por una baja en sus números de desempeño. Aunque quizá este término sea un eufemismo para referirse a la franca crisis que podría diagnosticarse después de cuatro años consecutivos con pérdidas billonarias. Pues, de ser uno de los pilares del presupuesto federal, la paraestatal busca desde hace algunos años esquemas cada vez más rentables para generar dinero,

---

[5] Presupuesto del Seguro Popular, desglose por año y por estado. En: http://www.transparenciapresupuestaria.gob.mx/es/PTP/Obra_Publica_Abierta

o al menos eso se promueve en los proyectos de gasto que se presentan al Congreso.

Pemex aparentemente es fanática del trabajo universitario, pues ha fijado su preferencia por estas instituciones para que hagan trabajos como asesorías, estudios o bien que les surta equipo. Es la dependencia que más dinero ha puesto en universidades a través de convenios y contratos para que se le brinden servicios. De 2012 a 2016 ha destinado 15 mil 900 millones de pesos en acuerdos para adquirir servicios múltiples. El problema es que el dinero sólo se destinó para eso en el papel.

La Auditoría ha documentado reiteradamente que la paraestatal no recibe lo que compra y hay huecos en su gasto. Tan sólo en un par de años firmó convenios por 3 mil millones de pesos y perdió un tercio de esa cantidad en empresas fraudulentas.

* * *

Pemex no es un caso aislado. Hay prácticas aprendidas que se esparcen como pólvora en la administración pública.

La Estafa Maestra documentó que 5 mil 208 millones de pesos de los presupuestos de 2013 y 2014 se fueron a la panza de empresas fantasma sin cumplir con los servicios por los que fueron contratadas. Bastaron sólo algunos contratos bajo el amparo del Artículo 1 de la Ley de Adquisiciones, que permite que dos dependencias hagan trabajos sin licitaciones de por medio, una decena de universidades que aceptaran efectuar las licitaciones a cambio de una comisión de 10%, unas cuantas empresas fantasma y ¡abracadabra! una parte del presupuesto ha desaparecido.

Éste era un esquema ya sabido en administraciones anteriores, las investigaciones de la Estela de Luz señalaron esta modalidad y la de los convenios entre dependencias gubernamentales sin licitación, que se tiene que frenar.

Aunque, en principio, entender la trama resulta complejo, va perdiendo enredo una vez que se alcanza a ver el sistema: dependencia-universidad-empresa fantasma. A partir de ese punto, el rastreo es más sencillo, casi mecánico. Tanto que la Auditoría Superior de la Federación remarcó la operación casi como *modus operandi* y terminó por hacer auditorías sistemáticas a las universidades a partir de 2011.

Bajo el pretexto de que se les entrega presupuesto y que forman una parte del entramado de gobierno, el sistema funcionó. De 2012 a finales de 2016 se firmaron 2 mil 81 convenios por un total de 31 mil 830 millones de pesos. Un universo gigante que hasta ahora ha mostrado constantes patrones de mal gasto.

La Universidad Autónoma del Estado de México es la campeona en casi todas las categorías: en conjunto con el Fondict, tiene casi 6 mil millones de pesos en convenios con dependencias. Pero también es la que más denuncias acumula en su contra ante la Procuraduría General de la República por mal uso de los recursos. Por su parte, la Unacar reportó en Compranet más de 3 mil millones de pesos en convenios con dependencias federales, pero ha librado el récord ante la PGR.

Pero es una mala noticia que dicha cifra sólo contempla los convenios que firmaron las universidades estatales. Es decir, las privadas y las casas más grandes como la UNAM, la Universidad Autónoma Metropolitana (UAM) y el Politécnico quedaron fuera de esta ecuación.

La Estafa Maestra sólo revisó 73 convenios por 7 mil 670 millones de pesos y resultó que más de 80% nunca llegó a su destino.

Si se extrapolan las cifras más generales del número de convenios que ha firmado el Gobierno Federal, podemos desde ahora sentirnos decepcionados. Esto porque las consecuencias son un animal raro: la Auditoría ha interpuesto 873 denuncias ante la Procuraduría General de la República, pero ésta sólo ha resuelto 10 casos. Hoy no se ven posibilidades reales de que haya un sancionado.

La impunidad es el segundo sello más distintivo de la administración actual, porque la corrupción es el primero.

De premios mayores y sentencias

En México es más fácil que un exgobernador se saque dos veces la lotería a que sea sentenciado por peculado.

Y ganarse la lotería no es una misión sencilla. La probabilidad es una en 5 millones. Hay quienes juegan a decir que hay 56 veces más oportunidades de que a una persona le caiga un rayo encima a que pueda ganar el premio mayor.

Sin embargo, tenemos un ex gobernador que lo ganó dos veces. Sí, dos. Sin sentidos figurados, Fidel Herrera, exmandatario de Veracruz, ganó 25 millones en un sorteo a finales de 2007.

El entonces mandatario compró una serie del sorteo de Año Nuevo y estrenó 2008 repartiendo su «fortuna» en «cachitos» —literalmente, regaló boletos de lotería con el número premiado— a lo largo del malecón veracruzano y declaró que ésa era la segunda vez que obtenía el premio mayor, según relatan medios estatales.

En contraste, este gobernador no ha sido sentenciado ni una sola vez por delitos de peculado, aunque sí ha estado sometido a proceso. Digamos que, para el asunto judicial, Herrera también tenía «su boleto».

Y aunque en junio de 2014 se le abrió una averiguación por desviar recursos estatales a través de una fundación, por la denuncia presentada por Eduardo Aguilar, director jurídico del PAN —partido antagónico del PRI, en el que milita Herrera desde hace décadas—, por presuntos desvíos en el programa Piso Firme,[6] a Herrera no se

---

[6] https://www.pan.org.mx/blog/presenta-pan-denuncia-penal-contra-herrera-beltran-duarte-y-diversos-funcionarios-de-veracruz/ consultado el 22 de diciembre de 2017.

le vinculó a proceso por este caso y en octubre de 2015 pudo irse como cónsul de México a Barcelona y radicar dos años en Europa con un trato de diplomático, aun y con algunas quejas, siempre discretas pero presentes, del servicio diplomático de carrera.

Estuvo así dos años y en 2017 volvió por una nueva denuncia presentada esta vez por malas compras de medicamentos, hecha por Miguel Ángel Yunes, gobernador de Veracruz. La denuncia presentada desencadenó una rebatinga de declaraciones y acusaciones mutuas de aprovecharse de los tiempos políticos en el estado. Más allá de eso, las investigaciones de la fiscalía no han sido actualizadas y el proceso quedó en silencio, sepultado por los escándalos del sucesor de Herrera, Javier Duarte.

Que un escándalo opaque a otro se ha hecho casi una costumbre en los últimos años. Pero el que haya cada vez más procesos abiertos en contra de mandatarios no es garantía de que se les castigue. Desde el año 2000 a la fecha, 17 gobernadores han sido investigados por delitos relacionados con desvíos de recursos o asociaciones delictuosas. Pero sólo uno tiene sentencia condenatoria en su contra. Por otra parte, cinco ya fueron absueltos por las acusaciones, y también hay una buena lista de mandatarios estatales que siguen su juicio en la cárcel, lo que no significa que ese destino será la conclusión de su proceso. Al parecer hay más probabilidades de que termine todo con un «Usted disculpe». El triste récord arrancó en 2000, con el exjefe del Departamento del Distrito Federal, Óscar Espinoza Villarreal, quien fue absuelto por la Suprema Corte de Justicia después de ser acusado de peculado por 420 millones de pesos.

Pasaron los años y el desempeño de las autoridades de justicia no mejoró el marcador de impunidad. Tal es el caso de Pablo Salazar Mendiguchía, exgobernador chiapaneco, que terminó su proceso en 2011 y fue absuelto por la procuraduría estatal después de considerar que no se tenían elementos para castigarlo por el desvío de

104 millones de pesos. Un año después, Narciso Agúndez obtuvo el mismo resultado por parte de un tribunal de Baja California, entidad que gobernó. Juan Sabines, exmandatario de Chiapas, concluyó su proceso en 2013 y Luis Armando Reynoso Femat, exgobernador de Aguascalientes, fue absuelto apenas en octubre de 2017 por haber vendido un terreno del estado a un precio por debajo del valor comercial. En el caso de Coahuila, la fiscalía estatal determinó que no había elementos para procesar a Humberto Moreira, exgobernador de ese mismo estado.

El único que terminó su juicio y fue declarado culpable fue Mario Villanueva, gobernador de Quintana Roo en los años noventa, por lo que fue sentenciado a 11 años de prisión en 2010. Y aunque otros gobernadores tienen procesos abiertos, ninguno ha recibido sentencia. Si bien este sexenio se ha distinguido por los escándalos de corrupción que incluyen a sus flamantes gobernantes bajando esposados de alguna camioneta o detenidos en países de Europa o Centroamérica, la realidad es que ninguno de los procesos legales camina sobre tierra firme. Sirvan de ejemplo, el sonorense Guillermo Padrés, el veracruzano Javier Duarte, el exgobernador de Tabasco Andrés Granier, el michoacano Jesús Reyna y Roberto Borge de Quintana Roo.

En el caso del veracruzano Javier Duarte, a pesar de que tiene varios procesos en su contra, son apenas por una mínima parte de lo que se le ha señalado públicamente. Además, las acusaciones a este gobernador, en particular, no tienen pinta de estar sustentadas con todos los elementos que se encuentran a la mano, pues de 56 denuncias presentadas por la Auditoría, 13 fueron descartas de un plumazo. Este proceso, a todas luces atípico, mereció por ello una investigación a los mismos funcionarios que estaban investigando.[7] Algo que sólo de mencionarlo suena inverosímil. El reportero de *Animal Político*, Arturo Ángel, refirió que en algunos

---

[7] Véase http://www.animalpolitico.com/2017/08/duarte-investigacion-omision-pgr/

casos los expedientes se cerraron sin justificación alguna, cosa que además se resolvió en un solo día, tiempo récord para 13 carpetas de más de 500 fojas, a manos del fiscal estatal Luis Ángel Bravo. La Auditoría Superior de la Federación pelea aún los casos en los tribunales, lo que implica una avalancha permanente de amparos y reclamos al sistema de justicia por sus omisiones y manejos irregulares del caso.

En el caso de aquellos que tienen más enredado el proceso legal y lejana la libertad es porque la investigación no corre a cuenta de la justicia mexicana. Por ejemplo, Eugenio Hernández, exgobernador de Tamaulipas, y su predecesor, Tomás Yarrington, son investigados por sus supuestos vínculos con el crimen organizado, pero las indagaciones las efectúan las autoridades de Estados Unidos, que para 2017 pelearon la extradición de los mandatarios.

La correlación se dibuja clara, hasta ahora casi de uno a uno, cuando el proceso depende de una instancia estatal, es casi automático el poco efecto que causará la justicia. Este recorrido por la galería de los estados sirve sólo para plantear que el problema no es aislado o excepcional.

Por su parte, la organización Impunidad Cero tradujo esto a números: la probabilidad de que un delito sea resuelto en México es de 0.9%. Esto porque sólo seis de cada 100 delitos cometidos se denuncian ante las autoridades. Y, aunque parezca lo contrario, hay poco para culpar a los 94 ciudadanos restantes, porque de los delitos que sí se denuncian sólo 14 de cada 100 se resuelven.

Volviendo a la lotería, pareciera que el que haya un castigo para un delito es lo más parecido a tener un golpe de suerte. Evidentemente, ello no tiene nada que ver con enredar amuletos a las barandillas de los juicios u ordenar bien los momios en la ruleta. Más bien, el asunto es que nada está echado a la suerte. La impunidad, esa que se obtiene cuando parece que el dinero desaparece como por arte de magia, sólo puede ser posible al ir de la mano de un sistema.

Una pieza hace girar a la otra. Una omisión da paso a una factura, una firma a una empresa y ésta última borrará la huella de todo.

Quizá a estas alturas es tarde la advertencia: lo que se muestra es sólo una parte, podemos presumir que diminuta, de un sistema que está vigente y se repite.

La Estafa Maestra intenta ser una aproximación a un mapa de las deficiencias más marcadas del sistema legal que han sido aprovechadas para echar a andar una máquina imparable que devora presupuestos.

Cómo desviar recursos y no ser encarcelado en el intento

Aunque la triangulación de recursos requiere de un entramado minucioso, es una práctica común que además no ha tenido pausas durante todo el sexenio de Peña Nieto. Tan sólo de los esquemas en los que se incluyen universidades públicas y dependencias federales, se tiene constancia documental de desvíos desde hace siete años.

A partir de 2011, en todas las auditorías se determinó en mayor o menor medida un daño al erario, pero las recuperaciones económicas son bajísimas. Tan sólo de lo que se pudo documentar por la ASF en 2013 y 2014, por recuperación de lo desviado por las universidades, aún faltan por comprobar más de 3 mil 947 millones de pesos.

El modelo tiene variaciones de estilo, un mayor o menor número de empresas, si los trabajos se inflaron en el precio o francamente no se cumplieron y matices similares, pero es casi una calca documentada desde hace siete años. El engranaje que lleva los recursos hasta las cuentas de compañías instaladas en oficinas abandonadas, en lotes baldíos o en despachos diminutos está lejos de estar averiado. Es una de las máquinas que opera con mayor precisión en nuestro país.

Solamente en lo que va de estos últimos seis años se han hecho 42 investigaciones por malos manejos de recursos del Gobierno Federal en conjunto con las universidades. Aquí encontramos un foco rojo, el artículo 1 de la Ley de Adquisiciones no sólo facilita los contratos como los que se utilizan de este esquema, sino que abre la posibilidad de que el modelo se repita con paraestatales, órganos desconcentrados y cualquier otra variante. La imaginación es el límite. Pues hay una falla constante, nadie supervisa cómo se gasta el dinero; es decir, las universidades alegan que si hay un mal servicio, la dependencia que las contrata lo notará, y viceversa. Y el caso es que el servicio no es que sea deficiente, sino que en algunas ocasiones nada más se simula y en otros francamente no se da.

Al parecer no hay una preocupación de a dónde va el dinero y la facilidad con la que puede llevarse a cabo el desvío contribuye a que esta práctica se repita.

Sin culpables ni castigos

En toda la trama que se desarrolla en *La Estafa Maestra* hay muchas reincidencias de funcionarios, universidades y empresas. Los accionistas de las empresas que están involucradas en las triangulaciones de 2013 reaparecen en 2015, y no sólo eso, sino que lo hacen cada vez con menos filtros desde la primera contratación posible.

Además, el dinero fluye, se asemeja a tener un grifo abierto con agua sin agotarse: la Universidad Autónoma del Estado de México, en conjunto con el Fondo de Fomento y Desarrollo de la Investigación Científica (Fondict), que le pertenece, firmó convenios por 5 mil 589 millones.

En lo que va del sexenio, la Universidad Autónoma del Carmen firmó convenios por 3 mil 906 millones de pesos; sólo en 11 convenios firmados en 2013 y 2014 desvió mil 157 millones. El rector responsable de vigilar esos convenios sigue aún en el cargo. En el caso de Nuevo León se firmaron 7 mil millones de pesos en convenios; la Auditoría no ha hecho revisiones nuevas a los convenios desde 2010.

La reincidencia tanto de las dependencias como de las universidades se explica con la falta de castigos a casi cualquier funcionario que comete una violación a los procedimientos. Sí, de nuevo la impunidad.

La Secretaría de la Función Pública ha resultado una mala bateadora en este juego. Cuando se baja a la cancha, es poco probable que se conforme un expediente que castigue a un funcionario público. En menos de 10% de las veces que se lleva un expediente, éste termina con una penalización en contra de quien había sido señalado como responsable. La dependencia no conecta cuadrangulares, apenas en ocho de cada 100 investigaciones a funcionarios, la Secretaría logra determinar un castigo por delitos. Encima de esto, cuando se fija una sanción, que casi siempre es una multa económica, ésta difícilmente se paga. Imagine un sistema en el que quien castiga a los que desvían el dinero público guarda la libreta de multas y decide esperar a que los infractores lleguen de buena fe a pagar.

Cuando un funcionario público comete una falta y se le comprueba, lo castigan prohibiéndole volver a ejercer como funcionario o suspendiéndolo de manera temporal. Las menos de las veces, tiene que pagar lo que se perdió del gasto público. El problema es que cuando se logra recorrer todo el camino para investigar, la Secretaría sólo logra hacer que le paguen 0.16% de las sanciones que impone.

Aquí presentamos las cifras: de 2006 a 2016, se dictaron multas por 34 mil 700 millones de pesos y únicamente se han podido cobrar 54 millones, lo que es menos de 1% del total. Como abonar una gota al océano. Estas cifras suenan desalentadoras y casi burlonas. Pareciera que a la par de que se marcan o logran avances en la fiscalización de los recursos, se crearan mecanismos para continuar con el desvío. Por ejemplo: después del cerco que significaba la auditoría al gasto de los recursos federales, se migraron los esquemas hacia el gasto estatal.

En diciembre de 2017, Jaime Herrera, quien fuera secretario de Hacienda en Chihuahua durante el gobierno de César Duarte, reveló que tanto su dependencia como la Secretaría de Hacienda federal triangularon recursos para financiar al PRI nacional,[8] pero llama la atención, sobre todo, una parte de la declaración ministerial que rindió: «[Se pidió que] el dinero exigido saliera de dinero público, pero de origen estatal, ello como decisión de las áreas de Egresos y Administración de la Secretaría de Hacienda del estado, a efecto de no hacer una devolución de recursos de origen federal con el mecanismo solicitado, en virtud de que se buscó que no fuera observado por la ASF».

Cabe recordar que los órganos de revisión estatales dependen de nombramientos hechos por el gobernador en turno, por lo que, al parecer, no hay temor de que en algún momento hagan denuncias por este tipo de desvíos. Y, en aras de la autonomía universitaria, también los órganos de control de las casas de estudio son nombrados por los rectores.

Haciendo memoria, los casos de complicidad de los órganos de revisión estatales rayan en lo cómico, al grado de que en la temporada de transición de los gobiernos se hablaba de «paquetes de impunidad», cuando los gobernadores salientes de los estados de Veracruz y Quintana Roo, durante los periodos de Javier Duarte y Roberto Borge, respectivamente. Ambos mandatarios, ahora investigados y

---

[8] Barajas, Abel, *Periódico Reforma*. «Triangula SHCP millonada a PRI». En: http://www.reforma.com/aplicaciones/articulo/default.aspx?id=1282860&v=4

presos por delitos federales, nombraron de manera transexenal a los magistrados estatales, quienes auditarían las cuentas de sus gestiones. El Gobierno Federal dio marcha atrás a la intentona interponiendo un recurso de inconstitucionalidad en julio de 2016; sin embargo, la intención quedó registrada.

Seguir dinero a oscuras

Otra de las fallas por las que cojea la revisión de los recursos es que la transparencia y la rendición de cuentas tampoco han caracterizado a la presente administración. Más bien, al contrario.

A pesar de que se ha presumido en múltiples declaraciones de los mecanismos de gobierno abierto, la realidad es que ésta choca constantemente con los discursos. La Secretaría de Desarrollo Agrario, Territorial y Urbano (Sedatu) tiene dos contratos por más de 600 millones de pesos con la Universidad Tecnológica de Campeche, la cual deberá ayudar a colocar y operar un sistema de voz y datos en las instalaciones de la dependencia. Algo así como lo que ya tienen integrado casi todos los teléfonos inteligentes del país. Sin embargo, para trabajos que tendrán una vigencia de 20 días se pagó más de 600 millones de pesos en dos exhibiciones.

Cuando se intentó acceder a los archivos y términos de los contratos, la Sedatu negó que exista algún tipo de contrato y lo dejó por escrito en una respuesta a la solicitud de información.[9]

Pero la Sedatu mintió, la Universidad Tecnológica de Campeche sí cuenta con un par de contratos firmados por ese monto y, además, éstos se encuentran bajo investigación de la Auditoría y quedaron clasificados por el órgano de transparencia. Por cierto, en el caso de la UAEM fue prácticamente imposible acceder a cualquiera de los

---

[9] Solicitud de información por Transparencia 0001500165016.

convenios o contratos que tenía la Universidad con las empresas particulares. Lo que hace la búsqueda de contratos una misión casi a oscuras.

En este embrollo en el que no hay castigos, también queda la duda de por qué no se logran encontrar villanos con rostro y nombre. Hasta ahora, en toda la trama de La Estafa Maestra son pocos los personajes específicos que pueden localizarse como dueños de las compañías o personas verdaderas. La trama implica «presta-nombres» que dejan bajo buen resguardo la verdadera identidad de quiénes son los operadores de todas las transferencias o desvíos del dinero federal.

De las 186 empresas que se investigaron, apenas una veintena tenían accionistas que pudieran presentarse con nombre, dirección y una personalidad jurídica real. El resto se iban desvaneciendo al mismo ritmo que los recursos. Los accionistas de empresas particularmente exitosas que podían tener en sus cuentas bancarias una bonanza rara en la economía del país habían abandonado la compañía a los pocos días de fundada. Perdieron contacto con los despachos contables que llevan la numeralia de la compañía, o bien, sólo prestaron su firma como un favor. Adicionalmente, a juzgar por la casa donde viven, su estilo de vida o sus trabajos actuales, los personajes que aparecen ocasionalmente en las averiguaciones o en las actas constitutivas difícilmente pudieron quedarse con todos los recursos desviados.

Sistema a favor de los villanos

La trama y el secreto bancario imposibilitan seguir más allá de los depósitos que se revelaron en las auditorías. Lo que sí se puede comprobar es que todo funciona independientemente de los personajes que aparecen detrás.

Si bien, en el caso de los rectores de las universidades señaladas, éstos fueron sustituidos, el caso de los funcionarios no es más alentador. La llamada cadena de mando hace casi imposible vincular los nexos de los funcionarios que dirigen las dependencias a los mandos medios o bajos que firmaron los convenios o contratos o, bien, que recibieron los supuestos servicios por parte de las dependencias.

Después de la publicación de «La Estafa Maestra» en los portales de *Animal Político* y Mexicanos contra la Corrupción, cayó una lluvia de correos y llamadas telefónicas a las redacciones de ambas casas que incluyeron denuncias similares a las que se documentaron en las entregas de septiembre. Denuncias de las universidades de Tamaulipas, de la Secretaría de Educación Pública, de las Universidades Tecnológica de Campeche o dentro de la misma Secretaría de Desarrollo Social. Algunas incluían nombres y apellidos de una parte de la trama, otras más sólo un esqueleto de lo que alcanzaban a tener a la vista y revelar sin que hubiese represalias en su contra. Todos vinculados a los sistemas, todo parte de un engranaje que difícilmente tenía fallas, salvo algunas conciencias internas que a veces decidían denunciar.

Pero ésas son las excepciones; la mayoría de los testigos más bien optó por salir de ahí antes de verse comprometidos en la trama o, bien, dieron tímidas luces sobre quién o quiénes estaban detrás de los desvíos. Sin poder señalar a la mente detrás de todo.

Quizá porque no es una sola persona, sino una suma de muchos. Que al parecer termina siendo la clave de La Estafa. Que no es un solo movimiento, sino una marcha constante y hasta ahora pareciera que es imparable.

Conforme avanzan los meses y se llega hacia final de sexenio se revela más el sistema y se notan las repeticiones y patrones de una conducta que se ha visto muchas veces: uno facilita a otro; el silencio de uno es la oportunidad de otro. Una reacción en cadena que, por lo pronto, dejó fuera de la acción más de 5 mil 208 millones de pesos que pudieron cambiar la vida de millones de personas que no tienen para comer todos los días. O bien pudieron ser el fiel de la balanza para Pemex, en una temporada en que una buena ejecución de sus virtudes podría haber hecho la diferencia en un contexto internacional adverso.

La corrupción requiere de muchos actores y que todos tengan una acción completamente sincronizada para que el éxito, reflejado en impunidad sea rotundo. Hasta ahora se ve que en este sistema hay pocas fallas, porque se repite sin una sola pausa a lo largo de siete años. Se perfecciona y las deficiencias que se encuentran en el camino y son destacadas por las investigaciones van desapareciendo en una maraña de documentos y tiempos burocráticos que sólo abonan a la confusión y al olvido.

Los tiempos y márgenes legales de las instituciones que pueden servir de contrapeso al desvío de recursos públicos son limitados y cada vez se ven más rebasados. Por eso, la intención de *La Estafa Maestra* es darle luz a los engranajes de la corrupción, para que cada una de las piezas se conozca y, al menos, deje de operar sin la revisión ciudadana o de una autoridad independiente.

La intención de *La Estafa Maestra* es aportar visibilidad para la construcción de otro engranaje. Uno diferente. Para que no haya más graduados en desaparecer dinero público.

Epílogo:
El País de las
Estafas Maestras

Ma. Amparo Casar
Leonardo Núñez González
Diciembre de 2017

Cada vez con más frecuencia la investigación académica aplicada y la investigación periodística unen esfuerzos en un círculo virtuoso en el que una retroalimenta a la otra. La virtud radica en la posibilidad de colaborar para lograr el *impacto* necesario y la *incidencia* esperada.

Hacer visible lo que ocurre en el ejercicio del poder a través de difundir en los medios de comunicación los hallazgos de la investigación periodística es fundamental por muchas razones. La principal es que los ciudadanos podamos hacer efectivo el derecho a conocer qué decisiones toman las autoridades y la forma en que éstas son implementadas o, por el contrario, abandonadas o desvirtuadas. Una sociedad que se limita a la información oficial es una sociedad que ha de conformarse con lo que los políticos están dispuestos a participarnos y a privarse de lo que ellos no quieren que sepamos.

Pero hay otros beneficios. La huella que va dejando la investigación periodística a lo largo de su andar tiene un valor pedagógico y el potencial de actuar como un efecto inhibidor de las malas prácticas gubernamentales. El temor a ser descubierto y exhibido públicamente contribuye a romper el círculo de la impunidad que inicia con

205

la prevención y la denuncia, y que debe terminar en la investigación y la sanción. Es, en este sentido, indispensable para la rendición de cuentas.

Por su parte, la investigación aplicada contribuye al mismo propósito en un doble sentido: auxiliando a profundizar los reportajes periodísticos y situándolos en un contexto más general que revela los *modus operandi* o prácticas generalizadas que las autoridades se empeñan en ocultar. A partir de ello, uno de sus principales objetivos es descubrir las normas y prácticas que permiten a las autoridades cometer ilícitos y proponer alternativas de reforma para cambiar incentivos y cerrar las innumerables ventanas de oportunidad que los hacen posible. De esta manera, se busca traducir el impacto en incidencia, esto es, provocar cambios sustantivos de largo plazo.

La Estafa Maestra es una muestra impecable de lo que puede lograr la conjunción de esfuerzos entre investigación periodística y aplicada. Los autores de esta investigación tomaron una hebra y desenredaron una madeja que promete volverse un ícono del periodismo de investigación. Encontraron en los informes de las Cuentas Públicas de 2013 y 2014 publicados por la Auditoría Superior de la Federación (ASF), información que revela la forma en que las universidades públicas y las dependencias gubernamentales burlan la ley para obtener beneficios indebidos que, presumiblemente, pueden llegar a sumar más de 7 mil 600 millones de pesos.

La investigación abarca e involucra los datos sobre la fiscalización que ese organismo hizo de ocho universidades públicas y 11 dependencias. Pero *La Estafa Maestra* no sólo difunde la información oficial y traduce la complejidad técnica de los auditores en un lenguaje accesible para cualquiera. Su mérito va mucho más lejos. Investiga de manera acuciosa a cada una de las empresas utilizadas para triangular recursos, evidencia la simulación de los contratos a través de los cuales se desvían los fondos del erario, pone al descubierto la colusión entre instituciones de carácter público y, además, exhibe a los servidores públicos involucrados. En suma, pone nombre y cara a los funcionarios y a las empresas fraudulentas involucradas en el desfalco, al mismo tiempo que describe paso a paso el complejo mecanismo mediante el cual las dependencias del sector público y las universidades se asocian para llevar a cabo un verdadero fraude con los recursos públicos que provienen de los impuestos de los mexicanos.

La hebra original del trabajo periodístico se encuentra en los informes individuales de la fiscalización de la Cuenta Pública de 2013 y 2014. Sin embargo, es necesario abrir nuestro campo de visión, ya que el *modus operandi* de *La Estafa Maestra* está documentado, al menos, desde 2011, y se prolonga hasta la actualidad con más del triple de universidades involucradas. Para poder ubicarlas y dimensionar que esta investigación sólo es la punta del *iceberg*, hace falta profundizar en los trabajos de la institución responsable de estos informes.

La ASF es un órgano dependiente de la Cámara de Diputados y se encarga de vigilar el manejo de los recursos públicos federales. Para hacerlo, una de sus principales herramientas son las auditorías que realiza de manera directa a las dependencias que gastan dinero del erario. Éstas pueden ser de tres tipos: de *cumplimiento*, *financieras* y de *desempeño*. Las auditorías de cumplimiento se concentran en la revisión del apego a la ley en los procesos; las auditorías financieras vigilan el uso justificado, adecuado y eficiente de los recursos; finalmente, las auditorías de desempeño evalúan los resultados que se obtienen con ese gasto, esto es, el cumplimiento de metas y objetivos. Estas clasificaciones pueden combinarse para hacer revisiones más acuciosas con diferentes tipos de enfoques, de entre los que destaca uno particular: la auditoría *forense*.

Tal como su nombre lo señala, una auditoría forense se lleva a cabo cuando se presume la comisión de un delito y es necesario investigar para saber qué y cómo sucedió. Para decidir si se requiere una investigación de esta naturaleza, la Auditoría evalúa sus hallazgos de años anteriores en búsqueda de patrones. En este caso, la primera vez que se sospechó que las universidades eran parte de un esquema recurrente de conducta irregular fue en la revisión de la Cuenta Pública de 2011. Para ese año, la ASF realizó 11 auditorías forenses, de las cuales 6 se enfocaron en distintas instituciones de educación superior: la Benemérita Universidad Autónoma de Puebla (BUAP), la Universidad Autónoma de Campeche, la Universidad Autónoma de Coahuila, la Universidad Autónoma del Carmen, la Universidad Autónoma del Estado de México y la Universidad Veracruzana. Vale la pena recuperar la justificación para estas auditorías individuales:

Se ha observado, que las dependencias y entidades de la Administración Pública Federal adjudican a las universidades, al amparo del Artículo Primero de la Ley de Adquisiciones, Arrendamientos y Servicios del Sector Público, contratos y convenios para la adquisición de diversos bienes y servicios, con el propósito de evadir el procedimiento de la licitación pública, por lo que se determinó llevar a cabo la auditoría para constatar la presunción de irregularidades. En esta primera aproximación, la ASF confirmó la existencia de irregularidades en 5 de los 6 casos investigados (sólo la BUAP salió bien librada). En su revisión del año siguiente, continuaron investigando este mecanismo y sometieron a escrutinio a la Universidad Autónoma del Estado de México (UAEM). En ese segundo año (2012), una vez más apareció la subcontratación ilegal en la que participaban el Fondo de Fomento y Desarrollo de la Investigación Científica y Tecnológica (Fondict), la UAEM y una serie de empresas que obtuvieron contratos por 783 millones de pesos.

En la Cuenta Pública de 2013, siete de las 14 auditorías forenses realizadas se enfocaron en el ya conocido mecanismo, sólo que ahora para la Universidad Autónoma del Estado de Morelos, la

Universidad Juárez Autónoma de Tabasco, la Universidad Politécnica del Golfo, la Universidad Popular de la Chontalpa, la Universidad Tecnológica de Tabasco y, otra vez, la UAEM. Para 2014 se repitieron los señalamientos a esta última y la Autónoma de Morelos, además de añadirse la Universidad Autónoma del Carmen. Sobre estos dos años de revisión no diremos más, porque estas ocho universidades son el objeto de investigación de *La Estafa Maestra*. Lo que sí debe destacarse es que en los informes individuales aparece un llamado de auxilio por parte de la ASF. En 2013, las auditorías forenses se justificaron porque: «La ASF ha observado graves irregularidades durante 3 años consecutivos de fiscalización en este rubro y, no obstante, las recomendaciones, denuncias de hechos presentadas y las acciones promovidas, persiste la práctica reiterada de que las dependencias y entidades de la Administración Pública Federal realicen adjudicaciones directas con universidades públicas».

Para 2014 se repitió el señalamiento: «No obstante que la ASF ha presentado diversas denuncias de hechos ante las autoridades competentes, no se han obtenido resultados tangibles, y se ha propiciado la reincidencia en este tipo de contrataciones a pesar de que se ha recomendado a todas las instancias responsables de la vigilancia del ejercicio y la correcta aplicación de recursos».

La ausencia de respuesta por parte de las autoridades involucradas y la indolencia de quienes deberían o podrían intervenir para modificar la situación se hizo patente. No obstante, al año siguiente apareció otro grupo más de investigaciones forenses que sumaron a la Universidad Politécnica de Texcoco, a la Universidad Tecnológica de Nezahualcóyotl, a la Universidad Tecnológica del Sur del Estado de México y a la Universidad Autónoma de Zacatecas (UAZ). Sobre este último caso vale la pena destacar que la ASF ya no sólo señaló y demostró el mecanismo de desfalco, sino que llegó al punto de evidenciar que los «entregables» que se pagaban con el dinero de los contratos eran simples plagios de internet que la propia

UAZ entregaba a la Secretaría de Agricultura (Sagarpa) y que ellos palomeaban sin mayor empacho.

Para 2016, la ASF planificó auditar a otras siete universidades sospechosas: la Universidad Mexiquense Bicentenario, la Universidad Politécnica de Francisco I. Madero, la Universidad Politécnica de Chiapas, la Universidad Tecnológica de Campeche, la Universidad Politécnica de Quintana Roo, la Universidad Politécnica del Sur de Zacatecas y la Universidad Tecnológica de Salamanca. Al momento de escribir el presente texto, de este grupo, la ASF sólo ha concluido las investigaciones sobre las dos últimas universidades y, como es obvio a estas alturas, confirmó el mismo mecanismo y dio muestra de su amplitud. En la investigación de la Universidad Tecnológica de Salamanca detectó contratos irregulares con la Comisión Federal de Electricidad, la Sagarpa, el Instituto de Nacional de Desarrollo Social, la Comisión Nacional del Agua, la Secretaría de Cultura de la Ciudad de México y con Pronósticos para la Asistencia Pública.

Hasta el momento, la ASF ha logrado documentar 10 mil 179 millones de pesos que no han sido aclarados. Sólo como punto de comparación, esto equivale a 41% del presupuesto que en 2018 se destinará al Fondo de Desastres Naturales para paliar los efectos del sismo del 19 de septiembre de 2017. En febrero de 2018 se presentarán los otros cinco casos pendientes para llegar a un total de 23 universidades públicas que han utilizado el mismo *modus operandi* de manera comprobada. Es altamente probable que, creyéndose impunes a pesar de haber sido detectadas por seis años consecutivos, existan todavía más casos correspondientes a 2017, dado que *La Estafa Maestra* fue publicada hasta septiembre del mismo año.

La esperanza de que estos recursos se aclaren o recuperen es remota dada la impunidad prevaleciente. A raíz de sus hallazgos, la ASF ha presentado ante la Procuraduría General de la República 20 denuncias penales sobre universidades, pero ninguna ha recibido consignación ni mucho menos sentencia. No es de sorprender. Del total de denuncias presentadas por la Auditoría desde el año 2000, 99.6% de ellas han corrido con la misma suerte. De este tamaño es la impunidad en México.

Es necesario reconocer que la Auditoría Superior de la Federación ha hecho más que ninguna otra institución pública para exhibir el enorme desvío de recursos que ocurre en el país y para evaluar el desempeño de los programas de gobierno. La tragedia es que de la desastrosa realidad que nos pinta cada año no se deriva un cambio sustancial que corrija los más grandes escándalos en el uso y abuso de los recursos públicos o en la ineficacia del gasto gubernamental. Si los informes de la ASF no van a servir para sancionar las conductas delictivas ni para orientar la toma de decisiones, seguirán siendo un llamado a misa. Un exhorto estéril. Los resultados de la ASF piden a gritos una reforma regulatoria para un país que pide a gritos mejoras en el combate a la corrupción y a la impunidad.

Hay que hacer un último apunte sobre los trabajos de la ASF. Como cualquier otra institución de esta naturaleza, por ejemplo, el SAT, la revisión que realiza año con año se basa en la selección de una muestra a partir de criterios como relevancia, aprendizaje institucional, montos ejercidos y sujetos y conceptos de riesgo. Evidentemente, no es capaz de vigilar todos y cada uno de los pesos del presupuesto. Para la Cuenta Pública de 2016, por ejemplo, realizará únicamente mil 788 auditorías entre las de cumplimiento, financieras y desempeño. Una pequeña muestra del total del universo posible. Si durante seis años consecutivos el mecanismo descrito en *La Estafa Maestra* se repitió, no es descabellado concluir que existan un mayor número de casos sin auditar.

¿Qué es lo que permite la existencia de tantos casos como estos? El punto de partida es la Ley de Adquisiciones, Arrendamientos y Servicios del Sector Público, que en el párrafo quinto de su artículo 1 menciona que «los contratos que celebren las dependencias con las entidades, o entre entidades, y los actos jurídicos que se celebren entre dependencias, o bien los que se lleven a cabo entre alguna dependencia o entidad de la Administración Pública Federal con alguna perteneciente a la administración pública de una entidad federativa, no estarán dentro del ámbito de aplicación de esta Ley». Esto significa, en términos llanos, que cuando dos instituciones de gobierno o de Estado celebran contratos entre ellas no tiene que haber un proceso abierto de contratación ya sea por concurso para licitar o por invitación restringida, sino que la asignación puede adjudicarse de manera directa, esto es, de manera discrecional.

Desgraciadamente, la investigación de *La Estafa Maestra* no es una aguja en un pajar sino una práctica recurrente. Parte de los usos y costumbres en el ejercicio de los recursos públicos. Para muestra, un botón: la propia Secretaría de la Función Pública, en su sitio sobre *Contrataciones Abiertas*, informa que del total de contratos realizados por la Administración Pública Federal, 75.4% se otorga mediante adjudicación directa.

La Estafa Maestra causó un gran impacto mediático. La historia fue recogida por varios medios nacionales e internacionales y exhibió la opacidad que reina en las universidades públicas que, según la mayoría de las encuestas, desde 2005 son las instituciones que mayor confianza recaban entre los ciudadanos, aun por encima del Ejército y la Iglesia. Exhibió, además, que éstas no escapan a la corrupción sistémica que prevalece en el país.

Más significativo todavía, y ahí radica buena parte de su valor, la investigación ha tenido incidencia, esto es, resultados más allá de lo mediático. *La Estafa Maestra* ya tuvo una primera consecuencia que, aunque está lejos de ser suficiente, es relevante. En su segundo informe parcial (octubre de 2017), la Auditoría ya no sólo reitera las graves irregularidades detectadas y señala que «ha presentado diversas denuncias de hechos ante las autoridades competentes» sin haber «obtenido resultados tangibles». Ahora afirma que se trata de un esquema de «simulación de los contratos y/o convenios suscritos entre las dependencias y entidades de la administración pública federal y las universidades públicas, ya que dichos contratos y/o convenios no son celebrados con la finalidad de que éstas los ejecuten por sí mismas, sino para que coadyuven al desvío de recursos públicos federales a fines ajenos a los contratados causando un daño a la Hacienda Pública Federal». Más claro ni el agua. A partir de ello y, desde luego del reportaje *La Estafa Maestra*, los Órganos Internos de Control (OICs) de las universidades y dependencias han tenido que iniciar nuevas indagaciones.

Está por verse si de éstas y de las denuncias de hecho presentadas por la ASF se desprenden consecuencias penales para los responsables. A todas luces, las conductas detectadas son constitutivas de delitos y faltas administrativas graves. En estos casos están claros, cuando menos, el conflicto de interés, la asociación delictuosa, el cohecho, el peculado, el desvío de recursos públicos y la contratación indebida. Adicionalmente, la presencia de «empresas fantasma» actualiza los supuestos de defraudación fiscal y de lavado de dinero. Finalmente, la Ley de Adquisiciones Arrendamientos y Servicios del Sector Público prohíbe expresamente a las universidades firmar un contrato por adjudicación directa y subcontratar con terceros un porcentaje superior a 49% del mismo, normatividad que buena parte de ellas incumplió.

Pero lo verdaderamente importante sería que se cerrara la ventana de oportunidad para el desvío de recursos y la colusión entre entidades y universidades públicas que reveló *La Estafa Maestra*. No es ciencia oculta. Bastaría con reformar la Ley de Adquisiciones, así como su Reglamento para impedir que las adjudicaciones directas dejen de ser la norma en éste y muchos otros casos. Si hubiera voluntad política y el gobierno se tomara en serio el compromiso para combatir la corrupción y la impunidad, tanto el Ejecutivo Federal como los legisladores de oposición ya estarían con manos a la obra.

Agradecimientos

Nada de esto hubiera sido posible sin la guía, el apoyo y la paciencia de Daniel Moreno. Gracias por tu generosidad, por la confianza y tus enseñanzas en el camino. Nuestra infinita gratitud por hacer periodismo pensando en los lectores.

Esta investigación también tuvo el apoyo de varios equipos. Por eso, gracias a Mexicanos contra la Corrupción y la Impunidad, en especial a Salvador Camarena y Daniel Lizárraga por defender el trabajo, por apostarle al periodismo de investigación y a trabajar en alianza. Gracias a Claudio X. González y a María Amparo Casar por la libertad, el apoyo y la confianza.

Gracias a los compañeros reporteros que aportaron opiniones y consejos; editores, diseñadores y cada uno de los periodistas que integran la redacción de *Animal Político*. A todos, nuestro reconocimiento por su profesionalismo y dedicación inquebrantable. Trabajar con ustedes todos los días es un privilegio.

Mención especial para Yosune Chamizo, diseñadora de información en *Animal Político*, quien fue pieza fundamental en poner orden, precisión y dar coherencia a un mar de datos abrumador. Gracias por tu apoyo cuando las fuerzas flaqueaban.

Igual de merecida es la mención para Francisco Sandoval, Tania Montalvo, Omar Bobadilla, Elizabeth Cruz, Jorge Ramis, y María

Guerra, quienes realizaron una labor impecable de edición periodística, diseño de información, realización de videos y la estrategia de difusión en redes sociales.

Y, por supuesto, mención aparte para Rodrigo Crespo, Gloria Hernández y Lucía Vergara, quienes se la jugaron en el terreno junto a los autores de este libro para grabar en video (y salir vivos en el intento) las evidencias que dan forma a La Estafa Maestra. Gracias por su valentía, dedicación y profesionalismo.

Gracias también al virtuoso ilustrador Jesús Santamaría, por poner su creatividad y su arte al servicio del periodismo.